道路交通应急抢险高级装备实用技术指南

主　编　曹红雷
副主编　周晓晶　宋　翔

东南大学出版社
SOUTHEAST UNIVERSITY PRESS
·南京·

图书在版编目(CIP)数据

道路交通应急抢险高级装备实用技术指南/曹红雷主编. —南京：东南大学出版社，2019.12
ISBN 978-7-5641-8596-1

Ⅰ.①道… Ⅱ.①曹… Ⅲ.①道路运输-突发事件-应急对策-装备-指南 Ⅳ.①U491.31-62

中国版本图书馆 CIP 数据核字(2019)第 256667 号

道路交通应急抢险高级装备实用技术指南

主　　编	曹红雷
出版发行	东南大学出版社
社　　址	南京市四牌楼2号　(邮编：210096)
出 版 人	江建中
责任编辑	陈　淑
经　　销	全国各地新华书店
印　　刷	江苏凤凰数码印务有限公司
开　　本	700mm×1000mm　1/16
印　　张	8.75
字　　数	165 千
版　　次	2019 年 12 月第 1 版
印　　次	2019 年 12 月第 1 次印刷
书　　号	ISBN 978-7-5641-8596-1
定　　价	49.00 元

(本社图书若有印装质量问题，请直接与营销部联系。电话(传真)：025-83791830)

编委会

主　　编　曹红雷

副主编　周晓晶　宋　翔

编写人员　鲁甲杰　杨淞博　胡泽峰
　　　　　　卫晓泽　任　岩　李海鹏
　　　　　　蔡艳潇　汤张枫　胡玮明
　　　　　　朱建潇　宋世奇　王培宇

前言 Preface

近十年来,我国连续发生了多起重特大公共安全事件,同时又遭遇到了前所未有的自然灾害的侵袭,在抗击人为或自然灾害的抢险过程中,各种应急装备发挥了不可替代的作用。但在抢险实战中,也发现了常规的应急抢险装备的一些不足之处,例如功能单一、无法适应复杂环境、信息化和智能化程度低等。为了更好地满足实战需要,在国家政策的大力扶持下,相关企业借鉴国外的先进技术,创新研发出了一系列适合中国国情的新型抢险装备。这些装备的推广使用,将会大大提升我国应急抢险的整体水平,为保障国家的公共安全做出贡献。

道路交通应急抢险高级装备主要指在近些年研发的针对道路交通抢险特殊需求的具有智能化、多功能、强适应性和高机动性等特点的新型装备。根据应急抢险实施的地点不同,其主要分为道路抢通高级装备、桥梁抢修抢建高级装备、隧道抢通抢修高级装备、机场抢修抢建高级装备、港口码头抢修抢建高级装备以及其他应急抢险高级装备几个系列。

为了加快道路交通应急抢险高级装备的推广使用,我们结合国家重点研发计划课题"道路应急抢通关键技术研究与应用示范"的技术成果,组织编写了《道路交通应急抢险高级装备实用技术指南》(简称《高级装备》),可供军事战备部门、武警部队、地方交通部门、应急管理部门、高等学校相关专业人员学习参考。

本书的第一章和第二章由曹红雷、周晓晶和宋翔编写;第三章由曹红雷、鲁甲杰、杨淞博编写;第四章由蔡艳潇、胡泽峰和李海鹏编写;第五章和第六章由周晓晶、卫晓泽、任岩、李海鹏和汤张枫编写；第七章和第八章由宋翔、胡玮明、朱建潇、宋世奇和王培宇编写。全书由曹红雷统稿，周晓晶和宋翔审阅。

交通运输部公路科学研究所、厦门厦工机械有限公司、哈尔滨第一机械集团有限公司、中国船舶重工集团应急预警与救援装备股份有限公司、齐齐哈尔北方机器有限责任公司、河北锐迅水射流技术开发有限公司的相关工程技术人员也参与了本书的编写工作，并提供了宝贵的参考资料。本书所依托的相关研究课题和工程实践，得到了东南大学、武警某部交通第一支队、交通运输部公路科学研究院、南京晓庄学院的大力支持和帮助，在此一并表示诚挚的感谢！《高级装备》在编写过程中，参考了有关专家和科研人员的著作，引用的部分图片资料的来源无法——准确列出，在此谨对这些文献资料的作者表示衷心的感谢！

由于时间仓促，加之编者水平有限，难免存在不足之处，恳请广大技术和管理人员提出宝贵意见和建议，以供《高级装备》修改和完善。

编　者

二〇一九年十月

目录 Contents

第1章 绪论 ·· 1

第2章 道路交通应急抢险装备的发展现状 ··· 3
  2.1 道路交通应急抢险装备的特点 ··· 3
  2.2 国内外道路交通应急救援装备的发展现状 ··· 5
    2.2.1 道路抢通装备的发展现状 ··· 6
    2.2.2 桥梁抢修抢建装备的发展现状 ··· 9
    2.2.3 隧道抢修抢建装备的发展现状 ··· 14
    2.2.4 机场抢修抢建装备的发展现状 ··· 15
    2.2.5 港口码头抢修抢建装备的发展现状 ··· 19
    2.2.6 其他道路交通抢险救援装备的发展现状 ····································· 21
  2.3 国内外道路交通应急抢险装备的发展趋势 ··· 27
    2.3.1 多功能,集成化 ·· 27
    2.3.2 智能化,无人化 ·· 29
    2.3.3 全地形,全路面 ·· 32
    2.3.4 模块化,标准化 ·· 33
    2.3.5 全天候,防辐射 ·· 33
    2.3.6 可空运,轻型化 ·· 34
  2.4 我国道路交通应急救援装备的自主创新之路 ······································ 35

第3章 道路抢通高级装备 ········· 37
3.1 道路抢通技术 ········· 37
3.1.1 路基沉陷抢修技术 ········· 37
3.1.2 路基坍塌抢修技术 ········· 37
3.1.3 路面掩埋阻塞抢通技术 ········· 38
3.1.4 水毁道路抢通技术 ········· 39
3.1.5 沙害、冰雪灾害中的道路抢通技术 ········· 41
3.2 挖掘装载机 ········· 41
3.2.1 技术参数 ········· 42
3.2.2 结构组成 ········· 42
3.2.3 工作原理 ········· 43
3.3 步履式挖掘机 ········· 45
3.3.1 技术参数 ········· 46
3.3.2 结构组成 ········· 46
3.4 轮式多用工程车 ········· 47
3.4.1 技术参数 ········· 48
3.4.2 结构功能 ········· 48

第4章 桥梁抢修抢建高级装备 ········· 49
4.1 桥梁抢修抢建技术 ········· 49
4.1.1 破损桥梁快速抢通技术 ········· 49
4.1.2 破损桥梁抢修加固技术 ········· 50
4.1.3 桥梁抢建技术 ········· 51
4.2 轻质材料应急桥 ········· 52
4.2.1 技术参数 ········· 52
4.2.2 结构组成 ········· 54
4.2.3 操作方法 ········· 60

第5章 隧道抢通抢修高级装备 ········· 68
5.1 隧道抢通抢修技术 ········· 68

| 5.1.1 隧道坍塌抢修技术 68
| 5.1.2 隧道涌水抢修 69
| 5.1.3 隧道应急抢险设备 70
| 5.2 隧道应急抢通车 71
| 5.2.1 技术参数 73
| 5.2.2 工作原理 73
| 5.2.3 结构组成 74

第6章 机场抢修抢建高级装备 81
6.1 机场道面快速抢修技术 81
  6.1.1 弹坑填补方法 81
  6.1.2 机场道面面板快速抢修 82
  6.1.3 机场道面抢修的工程装备 83
6.2 机场抢险救援工程车 84
  6.2.1 技术参数 85
  6.2.2 结构组成 85
6.3 水泥混凝土道面抢修车 86
  6.3.1 结构组成 87
  6.3.2 操作方法 88

第7章 港口码头抢修抢建高级装备 90
7.1 港口码头抢修抢建技术 90
  7.1.1 应急清障技术 90
  7.1.2 港口码头抢修 90
  7.1.3 临时码头抢建 92
7.2 全地形履带式运输车 93
  7.2.1 技术参数 94
  7.2.2 结构组成 95
  7.2.3 操作方法 100
  7.2.4 维护保养 103

7.3 水陆两栖全地形车 ·· 104
    7.3.1 技术参数 ·· 105
    7.3.2 产品特性 ·· 105

第8章 其他应急抢险高级装备 ··· 107

8.1 轻型道路清障车 ·· 107
    8.1.1 技术参数 ·· 109
    8.1.2 结构组成 ·· 109
    8.1.3 工作原理 ·· 110
    8.1.4 操作方法 ·· 112

8.2 重型道路清障车 ·· 113
    8.2.1 技术参数 ·· 114
    8.2.2 结构组成 ·· 115
    8.2.3 工作原理 ·· 115
    8.2.4 操作方法 ·· 117

8.3 救援工程机器人 ·· 119
    8.3.1 技术参数 ·· 119
    8.3.2 结构组成 ·· 120
    8.3.3 产品特性 ·· 120

8.4 二氧化碳致裂器设备 ·· 121
    8.4.1 技术参数 ·· 122
    8.4.2 工作原理 ·· 122
    8.4.3 结构组成 ·· 123
    8.4.4 操作方法 ·· 124

8.5 高压水射流清障装备 ·· 127

参考文献 ·· 129

第1章 绪 论

随着我国经济的持续发展及工业化进程的不断加快,公共安全事故风险也随之加大,公共安全形势日趋严峻。同时,我国还是世界上自然灾害最严重的国家之一,我国的自然灾害不仅种类复杂、分布区域广,而且发生频率高。为了应对频发的自然灾害和可能的安全事故,建立科学高效的应急救援体系势在必行,发展应急救援产业也成为当务之急。

为鼓励和支持应急产业的发展,国家先后出台了多项政策措施,扶持鼓励相关企事业单位积极研制具有国际先进技术水平的高级应急装备,同时大力培养应急救援人才。国务院于2005年1月26日审议通过《国家突发公共事件总体应急预案》,开始着手建立富有中国特色的突发事件应急管理体系,并强调要做好应急救援装备的保障工作;《国家中长期科学和技术发展规划纲要(2006—2020年)》分别将"公共安全"和"公共安全与应急产品"作为重点领域和鼓励发展产业类别;工信部颁布的《关于加强工业应急管理工作的指导意见(2009年)》明确提出加快制定应急工业产品相关标准,促进应急工业产品推广;《国民经济和社会发展第十二个五年规划纲要》和《国家综合防灾减灾规划(2011—2015年)》对加强公共安全体系建设,发展应急产业均提出了明确要求;国家安全监管总局在2011年颁布的《国家安全生产"十二五"规划》中,做出了促进安全产业发展,建立国家安全产业基地的规划。2012年3月工信部颁布了《突发事件工业产品保障应急预案》,该预案出台了推动应急救援产业发展的扶持政策,列出了"十二五"期间重点推动的应急技术与装备,同时还明确了工业产品必须具备的应急保障组织体系。

政策的鼓励扶持,促使相关企业加大了应急救援装备的研制力度。徐工集团就在原军工装备生产的基础上进行了生产线改装,投入到应急救援装备的生产中;三一重工、中联重科也逐步着眼于应急救援装备的研发,并研制出不少专用应急救援工具。但由于国家安全科技长期投入不足以及研发企业长期面临的高投入、低市场的困境，使得应急救援装备的研发进展还跟不上市场的需求，出现了救援装备总量过少、配备率过低、专用救援设备严重匮乏等问题。因此，研制适应中国国情的高级应急抢险装备成为目前迫切需要解决的关键问题，只有解决了这些关键问题，才能有效提升我国道路应急抢险的整体水平，健全我国公共安全保障体系。

  四川汶川地震、青海玉树地震以及天津滨海新区爆炸等大量应急抢险案例的分析结果也表明，研发适宜于大震巨灾导致的交通阻断和大规模建筑物倒塌等复杂条件下的应急救援技术装备，是我国整个应急产业亟待突破的核心问题。这些高新装备主要包括具有自组网能力的高智能化应急通信装备和灾情救援现场信息采集与传输装备，可以实现低空智能飞行器灾情信息采集和狭小空间实景信息采集；具有高稳定性、高信噪比、高分辨率和低功耗等特点的生命搜索定位装备；具有多功能、强动力和宽行程等技术特点的顶撑与破拆装备及救援辅助装备；具有可变尺度、小型便携、可组合分拆等特点的救援防护装备等。这些高级装备的应用将为我国未来应对大震巨灾，实施生命救援提供科学可行的技术手段，有效提升地震灾害生命救援效能。

第 2 章　道路交通应急抢险装备的发展现状

2.1 道路交通应急抢险装备的特点

截至 2018 年年底,全国公路总里程达到 485 万公里,其中高速公路达到 14.3 万公里。随着高速公路通车里程的不断增加,加之我国冰冻雨雪天气、洪水灾害天气异常频繁,致使高速公路交通事故频发,清障与保畅压力增大。应急、抢险救援设备是公路安全畅通的重要物质基础,是快速高效进行公路应急抢险救援的重要物资保障。

应急救援任务内容及其要求决定了应急救援装备的复杂性与多样性。地震、洪水、地质灾害、气象灾害、火灾、生产生活事故等不同的灾害事故具有各异的应急处置方法和救援措施,所需要的应急救援装备也有所不同。目前我国针对各灾种主要建立了道路事故救援、地震救援、洪涝灾害救援、消防火灾救援、矿山救援、危化品救援、海上救捞、隧道坍塌救援以及空难救援等专业救援队伍,各救援队伍的装备配备情况见表 2.1。

表 2.1　各种救援所需的主要装备

救援种类	应急救援装备
道路事故救援	清障车、吊车、拖车、托盘车和破拆装备等
地震救援	侦检、搜索、营救、后勤、通信、评估与信息、医疗、救援车辆等,共八大类
洪涝灾害救援	推土机、挖掘机、铲运机、水陆两栖运输车、水上运输的应急驳船或救生船、大功率远程供排水车等
消防火灾救援	个人防护、灭火器材、灭火剂、消防车辆、保障设备、阻隔工程机械、通信车辆等
矿山救援	救援车辆、通信、灭火、侦察、气体分析、个体防护,共六类
危化品救援	个人防护、救援车辆、侦检、警戒、灭火、通信、破拆、堵漏、输转、洗消、排烟、照明,共十二类

(续表)

救援种类	应急救援装备
海上救捞	救助船舶、救助飞机、海上搜寻装备、溢油处置装备、打捞工程船、水下作业装备、饱和潜水装备、起浮装备,共八大类
隧道坍塌救援	大口径水平钻机、垂直快速钻机、三维激光量测仪、生命探测仪、防爆探地雷达、卫星通信车
空难救援	直升机、运输机、水陆两栖灭火飞机及医疗救援装备

道路交通应急救援装备主要包括应急交通工程装备、应急救援医疗设备、灾情侦测及评估设备、通信保障设备、消防防护设备以及后勤保障设备几大类。

应急救援装备主要分为常规装备和高级装备两大类,如表2.2所示。常规装备主要指在道路、桥梁、隧道、机场、港口码头等交通设施的抢通抢建过程中使用范围广、使用频率高、救援部队在通常情况下首先必须配备的装备。而高级装备是指最新研发的、针对道路交通应急的特殊需求的高端装备。

表2.2 应急抢险的常规装备和高级装备

道路交通	常规装备	高级装备
道路	挖掘机、装载机、推土机、起重机、自卸汽车、平地机和压路机	多功能滑移装载机、步履式挖掘机、无人驾驶挖掘机、遥控推土机
桥梁	重型汽车吊机、装配式公路钢桥、应急机械化桥、应急模块化桥和应急动力舟桥	轻质材料应急桥、超大跨度应急机械化桥
隧道	岩凿机、空压机、混凝土喷射机、混凝土搅拌机、支撑台车、通风机和钻机	多功能隧道应急抢通车
机场	混凝土泵车、混凝土切割机	高空作业车、全地面起重机、可空运部署的超轻型多功能遥控抢险车
港口码头	打桩机、液压高速夯实机	湿地挖掘机、全地形全路面水陆两栖运输车
其他	清障车、救援车、运输车、除雪车、排水车	多功能高压水射流清障装备、高压空气炮破障设备、轻型及重型高机动破障车、多功能除冰雪车、蟒式全地形车、复合救援机器人、子母式排水抢险车

随着人工智能和信息技术的持续进步,道路交通应急抢险装备也向着集成化、智能化和模块化等方向发展。尝试使用新材料,增强设备适应性以满足全天候、全地形等技术要求成为应急抢险装备研发的新目标。

应急抢险装备多使用在恶劣天气、严酷地形以及极限工况下,所以应急抢险装备的机械和电气性能都远远超过一般的工程装备,对应急装备的操作者也要求有更快速、精准的判断力和更强的机动性,这就使得应急装备培训的难度也超过一般的工程技术培训。应急装备的使用具有高适应性、高强度以及高风险的特点,应急救援人员不仅需要较高的心理和身体素质,而且还得对各种应急救援装备的性能、操作、维修和保养了如指掌,才能在使用时得心应手。

2.2 国内外道路交通应急救援装备的发展现状

受我国应急救援专业装备使用、仓储、调配等原因限制,目前大量投入抢险救援的还是较为常用的工程机械装备,如挖掘机、推土机、吊车、破碎锤等。这些装备因其通用性好、适用性强,能够大面积调配,常常成为抢险救援中的主战装备,在生命线开辟、废墟搜救、堰塞湖处置等任务中发挥着重要作用。但是,为了提高抢险效率,还必须配备专用的应急救援装备,如山地式挖掘机,发挥专用装备攻坚克难的"利剑"作用。

在自然灾害频发的近几年,为了进一步完善应急救援产业体系,国家大力出台相关政策鼓励提高完善救援设备的专业化水平。目前,国内已有许多工程机械企业改装和研发了自己的救援设备,如詹阳动力重工和徐工改装的 JY633-J 加强型液压挖掘机、ET110 型步履式挖掘机,可以在各类恶劣作业条件下进行连续性抢险救灾任务;三一重工针对快速垂直救援设备进行了自主创新,研制出了 SYLRC-550M 型升降救生舱;惊天液压研制出系列 GTRC15 型多功能遥控拆除机器人,用于危险受灾区域中进行远距离、全方位控制的破碎、拆除作业;中联重科的除雪应急产品已形成了系列化,考虑以绿色除雪为主,根据不同的冰雪情况,选用不同的除雪配置,研发生产了 25 t 级 ZLJ5250TCXZE3/4 型多功能除雪车;山河智能研制出了国内首台无源设计混合动力型矿用可移动式救生舱,可维持舱内十人生存不低于 106 h;江苏八达重工和多家国内科研机构及高校联合研制的双动力智能型双臂手救援工程机器人,主要用于灾害事故应急救援中对倒塌物进行拆除、分解、分拣、破碎和装卸等抢险救援作业,并且具有轮式和履带双行驶系统,能够适应不同路面工况等作业任务。

目前,我国各省高速公路的应急抢险救援设备数量少、使用年限长、技术状况差、工作效率和安全性能低下,难以适应形势发展需要;应急救援设备远远不能满足实际需求,设备机械性能与高速公路发展规模不适应,与社会经济发展和现代化水平不适应,与机械设备的环保化、多功能化、智能化和机动快捷化的需求不适应,公路抢险救援设备的发展与需求之间的矛盾日益突出;高速公路抢险救援设备专用性强,社会拥有量少,难以走租赁渠道,且靠租赁难以解决燃眉之急,需要专业化、机械化、规范化的配置;各市公路局有相当一部分筑养路设备用于高速公路抢险救灾。

2.2.1 道路抢通装备的发展现状

道路抢通是各种类型救援都会碰到的任务,无论是地震、泥石流、滑坡等地质灾害,还是冰雪、洪水等气候灾害,都会造成公路的路基路面损毁、道路掩埋、道路结冰和道路水毁等灾害,快速抢通道路是后续一切救援的前提条件。针对我国道路救援的实际情况,各工程机械厂家研制了一批具有世界水平的道路抢通装备。

詹阳动力重工新近推出了 JY633-J 加强型液压挖掘机(图 2.1),该设备是根据重大自然灾害中,挖掘机需在各种恶劣工况下进行连续性抢险救

图 2.1 詹阳动力重工加强型液压挖掘机

灾等高强度作业任务的实际情况，进行特殊设计、制造的。它采用了低温冷启动和生命支持系统技术，可在各种极端气候和高原缺氧环境下作业。司机室采用了防落物和防翻滚设计，可有效保证驾驶人员生命安全。同时该机还配备了先进的遥控照明系统、锹镐固定装置、跨接电缆、净水壶、电动加油泵等实用性配置。

国内工程机械制造商徐工集团自主开发的 XT 系列挖掘装载机集挖掘、装载功能于一体，适用于挖掘、铲装、运载等多项作业，可配备四合一铲斗、推雪铲、货叉、破碎锤等属具，满足多种工作及应急救援要求（图 2.2）。

图 2.2　徐工 XT870 挖掘装载机

徐工 ET110 型步履式挖掘机是一种可在高原、平原地区使用的，能适应各种地形，多用途的步履式挖掘机，被称为"钢铁蜘蛛侠"。ET110 最大起重能力 56 kN，最大挖掘高度 8 910 mm，步履爬坡能力可达 45°。它采用轮式行驶与步履运动相结合的复合型底盘，既可全轮驱动，亦可步履行进，因此可以进入其他机械装备无法到达的区域实施多种工程作业。通过安装不同的工作机构，该设备机可实现挖掘、起重、破碎、钻孔等多种作业功能。整机高度可调，重心低，可以在最大 35°的斜坡上作业，其作业平台可在最大斜角为 20°的情况下实现全回转。该机尤其适合于在西部高原山地、林地、湿地等特殊环境条件下进行工程施工，也可用于市政工程、水利工程施工中一般设备不能使用的场合（图 2.3）。

图 2.3　徐工步履式挖掘机

詹阳动力与澳大利亚 ADI 公司合作生产的 GDG130 型轮式多用途工程车是一种高速度、全地形、多功能的工程车辆,具有完成多种军事和民事的工程作业和后勤保障作业能力。该机通过快换接头,迅速配装多种液压辅助工具,可实现挖掘、装载、推土、钻孔、破碎、起吊等作业,还可牵引 8 t 平板车,充当运输车辆等。GDG130 采用的含液力变矩器的传动系统,使其在各种道路上都具有高机动性能,最高行驶速度为 100 km/h,长途行驶平均速度为 80 km/h;采用的非独立空气弹簧悬架系统,使得该机具有杰出的越野性能及行驶稳定性和舒适性(图 2.4)。

图 2.4　轮式多用途工程车

山推 DE17R 开创了国内推土机无人驾驶时代的先河,无线遥控可靠距离达 1 000 m,遥控响应速度极快且稳定,是山推为客户专门定制开发的环卫产品。在多年合作过程中,山推了解到客户对无人驾驶的需求,特别是在废弃物处置的恶劣环境对环卫设备智能化的迫切要求之后,便开始举全公司之力投入到该款智能推土机的研发试验中,最终成功获得了客户的高度认可。DE17R 推土机除胜任各种恶劣的垃圾处理环境外,还在建筑拆除、抢险、防爆、救援,甚至军工等高危作业中游刃有余。山推 DE17R 无人驾驶推土机采用电控静压驱动传动系统,自动适应负载变化,在不同工作负载下提供最佳工作速度;其具备的智能匹配技术,使驾驶综合燃油消耗比同类机型降低 10%～15%,具有遥控操作、安全、环保、高效、性能好等特点(图 2.5)。

图 2.5　山推无人驾驶推土机

2.2.2　桥梁抢修抢建装备的发展现状

为了保证灾后桥梁应急抢通的需要,各种桥梁已日益向制式化的方向发展。制式桥器材由国家按统一标准、性能、规格生产,用以快速架设各种制式桥。这类器材主要有坦克架桥车、舟桥器材、机械化桥、拆装式金属桥等。拆装式金属桥是一种成套的制式固定桥器材,通常包括上部结构、可调整高度的中间桥脚,以及专用的架设和装载设备等。这种器材主要用人力架设和撤收,使用、装载、作业方便,机动性好,既可用以架设单跨和多跨的低水桥,又可用以加强和修复被破坏的永久性桥梁。

(一) 总体状况

我国桥梁抢修抢建的历史是从解放战争、抗美援朝战争和抗美援越战争中战场抢修开始的。用于架设临时公路桥梁的有"321"装配式公路钢桥、"ZB-200"型装配式公路钢桥。"321"装配式公路钢桥,组合跨径9～63 m,主要用于战时和抢险救灾的桥梁应急抢修,或用于危桥加固或危桥改造;"ZB-200"型装配式公路钢桥,是"321"装配式公路钢桥的换代装备,单跨桥梁跨度为51.8 m,架设长度为9～69 m。

国内在应急桥梁装备方面具有代表性的还有重型机械化桥、轻型山地伴随桥、重型支援桥、公路应急抢修钢梁、钢桁架桥等。它们都具有结构简单、用途广泛、互换性强、经济实用等特点。21世纪初,为了保障重型坦克装甲部队的需求,我国于2003年在原有的84系列重型机械化桥基础上,研制成功了高级的GQL111型重型机械化桥。GQL111型重型机械化桥由桥车、桥体、桥脚、架设系统等组成,主要用于保障履带式60 t、轮胎式13 t以下的各种坦克、车辆、火炮、人员克服宽70 m、深5 m以内的中小河川和沟渠等障碍,因此GQL111型重型机械化桥又被称为60 t重型机械化桥。图2.6为中国船舶工业集团研制的51 m大跨度应急机械化桥,而跨度为81 m的超长跨度应急机械化桥正在试制中,预计2019年年底可以正式出品。

图2.6　51 m大跨度应急机械化桥

外军的抢修钢梁发展于19世纪60年代,欧洲出现了可以多次装拆、重复使用,由预制互换性金属部件和紧固件组成的抢修钢梁。第二次世界大战期间,各国研制了大量的应急抢修钢梁,如英国研制的贝雷式钢梁,是盟军最重要的桥梁抢修装备,以及德国研制的 SKR-6 型抢修钢梁等。

第二次世界大战以后,由于轻质高强度材料的出现、装备机械化程度的提高、液压设备和焊接工艺的进步,许多国家军队采取提高结构整体性和架设作业机械化等方法,使制式军用桥梁器材不断得到改进和发展。具有代表性的如:苏军的重型机械化桥(TMM)和带式桥、法军的伴随桥(PAA)、英军的中型桁梁桥(MGB)和联邦德国军队的克房伯固定桥等。此外,苏联和民主德国的军队还装备了成套的架桥机具,提高了就便桥的架设速度。有的国家军队还装备了两栖江河工程侦察车,从而缩短了军用桥梁架设的准备作业时间。

FB48 快速桥是瑞典防务材料部和 Kockums 有限公司合作研制的(图 2.7),研制始于 1985 年,旨在为瑞典陆军提供现代化的、高效的机动桥梁系统。FB48 桥是战术桥和交通线桥的结合体,代表了一个新的干沟支援架桥时代,最初是用于通行装甲车辆和机械化装备。净跨 46 m 的 FB48 桥可以荷载各类现代化的主战坦克,它的荷载能力达 70 军用吨级以上。

图 2.7　瑞典 FB48 快速桥

近年来,美军开展了充气式轻型模块化浮桥的研制和试验,这种浮桥可通载 70 t 级重型坦克,与传统的带式舟桥、分置式舟桥相比,自身重量大大降低,架设速度明显提高。20 世纪 90 年代英军研制了"九十年代桥梁系统",采用导梁式架桥法,第一次实现了机械化。德军的"鬣蜥"(PSB2)型模块化冲击桥也是一种高度现代化的模块化桥梁系统,在2013年取代了原来的"海狸"快速冲击桥。

新时期,美国先后研制和装备了M18重型干沟支援桥、快速架桥系统、高级模块化复合材料桥、交通线桥、轻型模块化栈桥系统等一系列模块化结构的渡河桥梁装备。目前,美国工程研究与发展中心正在研究和开发"高强度人造纤维"条带技术,并将其用于桥梁制造,以达到更高的抗弯曲和结构折叠能力,从而使桥梁结构系统更轻、更适合空运、储存体积更小。目前,采用了这一技术的美国"轻型模块化栈桥系统"在野外演示中已达到设计要求。

(二) 不足之处

目前,我国研发的桥梁抢修抢建装备普遍存在以下不足之处:

(1) 杆件多,主要构件重量大,拼装架设时间较长。由于杆件较多、通用性较差、展开面小,装备拼装架设比较困难等原因,架设临时通行的桥梁需要较长的时间,不能满足道路快速抢通的需要。由于材质的问题,我军抢修梁的杆件质量在0.5 t左右,最大达1.75 t,杆件运输比较困难。

(2) 承载力小,允许速度低。目前,国外新装备和研制的抢修梁的承载能力普遍加大到70军用吨级,而我国现有桥梁的荷载等级一般只有50 t级,原有的保障器材已经不能满足灾害物资快速输送的要求。

(3) 跨度普遍较小,不能适应平时桥梁抢修的要求。我国现有大型江河上的桥梁跨度多在64~200 m之间,应用最为广泛的梁式桥,最大跨度已经达到330 m。当前,在面对战争等突发事故或地震等自然灾害带来的公路、铁路桥梁的破坏损毁,需要应急使用战备桥梁器材时,面临的突出问题就是桥梁设计的墩高、跨径等技术指标与需要保障的对象不匹配。如我国现储备的装配式公路钢桥,在解决现今公路桥梁破坏时,显得跨度不足,无法满足抢修的需要。

(4) 信息化程度不高。这主要表现在信息化作战工程保障能力弱、工程装备信息主导能力差、自我防护的信息控制能力和单装作业信息传输能力弱等几个方面。

(5) 快速机动及远程部署工程装备少。我军工程装备的战略战役机动主要是通过公路、铁路运输来实现的,能进行空运、空吊、空投和船载运输的工程装备数量极少,工程装备的远程机动能力和伴随保障能力不强。

国外的桥梁抢修抢建装备主要是向信息化程度高、承载能力强、通用性好、适应能力强等几个方向发展,对我军工程渡河桥梁装备的研发有着重要的启示意义。抢建用的制式桥梁将进一步趋向预制构件化、器材和构件地区标准化、架设机具机械化。制式桥除继续沿着结构整体化、作业机械化的方向发展外,还将进一步增大固定桥的单跨架设长度,提高桥梁的载重能力和架设速度,提高运载车辆的机动能力,提高器材的标准化、系列化、通用化程度,并使之适应空中机动的要求。

(三) 发展措施

借鉴国外的经验,并结合我国水上抢险救灾的实际情况,研制出具有国际领先水平的桥梁抢修装备应从以下几个方面着手:

(1) 提高装备的自动化程度,缩短桥梁架设时间。在抢险救灾的过程中,时间就是生命,因此渡河桥梁架设速度快不仅意味着机动保障能力的增强和生存保障能力的提高,同时也利于保持部队连续机动,为部队掌握抢险救援主动权创造条件。

(2) 研制配套专用架设车,运输、架设、回撤一体化。研发具备多功能架桥装置的架桥车,即在一台车辆上配备有各种装备以用于运输展开、架设及撤收组件,可消除原来需要配置的随行车辆运输和展开桥梁结构件,从而提高运用效率。这样一种运输、架设与回撤一体化专用架设系统是桥梁器材发展的趋势。

(3) 发展可空运性桥梁抢建装备。灾害发生的地方往往地形复杂,道路交通损毁严重,为了能够在短时间内架设出具有一定通行能力的桥梁,各种桥梁架设装备必须能通过空运、空投,实现快速转场、重新部署,从而可及时迅速地克服影响部队机动的不同宽度的水域、干沟、雨裂等障碍,保障抢险部队快速推进。为此,国外非常重视适于空运、空投的军用渡河桥梁装备,尤其是轻型军用渡河桥梁装备的发展,提高军用渡河桥梁装备的空中转场部署能力。为使救援部队能够实施远距离、高速度机动伴随保障,不仅要求近距离支援桥、通用支援桥等体积较小的装备能够空运、空投,而且要求体积庞大的舟桥装备也应开发成可空运、空投的装备。

(4) 运用新材料、新技术,发展轻型渡河桥梁装备。如英、美联军在伊拉克战争中使用过的近距离支援桥和通用支援桥等军用桥梁装备,较普遍地采用了轻质高强度的铝合金材料,每纵长米桥梁装备的自重比采用钢质材料时减轻了约30%。随着新材料技术和材料工艺的发展,我国合金钢技术、纳米技术、生物材料技术和高分子材料技术为我军渡河桥梁装备的材料提供了更多的选择途径。将高级合金材料运用于轻型渡河桥上,可成功降低该装备的整体质量,使渡河桥梁抗拉强度增高,机械性能优化,机动能力和生存能力大大提高。

(5) 设计模块化、通用化的快速拼装桥梁。模块化建设包括共同的制造程序、部件、维修、全寿命费用,不论桥梁长度或军用荷载等级,外军新装备的渡河桥梁装备器材几乎全部采用模块式桥梁构件,使得舟桥、冲击桥、机械化桥和装配式桥的桥梁构件能够通用,且通用化程度很高。采用模块化建设可以极大地节约材料和维护保养费用,并大大提高渡河桥梁装备的通用化、标准化水平及使用效率,减轻装备保障的负担,是我国研制发展高级快速拼装桥梁的首选方向。

2.2.3 隧道抢修抢建装备的发展现状

隧道灾情主要有洞口掩埋、衬砌坍塌等,救援抢通的首要任务是清理堆积物,为后续的救援行动开辟工作面。隧道抢通装备效能的评估指标主要包括操控性、功能组合性和机动性。

隧道应急抢通专用装备国内外都比较缺乏,亟待研发。目前,我国正在研发可空运部署的超轻型多功能遥控抢险车,具体参数为:整车全重≤3.5 t(不含备份作业组件拖车);履带式底盘空重≤2.5 t(不含燃油、机油);履带式底盘外形尺寸(长×宽×高)≤3 000 mm×2 200 mm×1 400 mm(满足 PIP 航空集装板装载要求);遥控距离≥20 m(有线)~300 m(无线)。若该装备研制成功,将可极大地提高我国隧道抢通能力。

中铁十七局集团隧道顶管救援成套设备适用于隧道关门塌方时的救援。该顶管设备简单可靠,准备工作简单、耗时少、救援效率高。尖锥式顶管靴采用仿子弹流线设计,阻力小、易拆卸、可重复使用;自行设计的液压顶管机采用步进式理念设计,集顶进、导向、后靠背于一体,具有结构紧凑、工作性能可靠、安装运输方便等特点。铰接式后靠背将立柱的受拉弯变成单纯受拉,施作简单,工作性能可靠;旋转式顶托使顶管机可以水平、倾斜顶进,满足顶管出露在隧道开挖台阶以上的要求。

中铁十八局集团研制的 SDDF 隧道轴流通风机是针对隧道施工开发的一大"利器",可有效排出大量因隧道施工、内燃运输机械、汽车运输而产生的有害气体、粉尘,保持洞内良好通风环境,提高隧道内空气质量。该通风机高效、低噪、耐磨、节能、环保、运行平稳、操作便捷、应用广泛。其中,通风机叶轮采用专业三维软件设计,材质采用了高分子聚酯合成材料,大大提高了通风机的安全性。该机使用的无线遥控装置,可以用一台无线遥控装置同时或分别控制两台变频通风机,距离可达 2 000 m,有效解决了远距离操控变频器的问题,获得国家专利。该装置具有全中文触摸屏界面,操作方便、抗干扰性强、灵敏度高,是目前最可靠的井下作业遥控技术。该通风机已成功应用于郑万高铁、兴泉铁路等项目,各项技术指标均满足施工要求。该项设备先后在珲春、贵州、龙岩、西双版纳、涞源等铁路隧道塌方和抢险救援中发挥重要作用,获专利授权 2 项,达到国际先进水平。

国内首辆隧道灭火救援泡沫抢险车落户厦门,这辆多功能综合型隧道抢险车产自德国 MAGIRUS 公司,配备了世界顶级的清障系统、空气系统、消防系统和自我保护系统,还可以四轮转向,像螃蟹一样横着开。而这辆车造型也颇具气势:红外线摄像头探路,一氧化碳探测器护身,一边行进一边灭火。极端条件时,消防员还可以远程遥控灭火。这辆车为了应对隧道内可能出现的毒气泄漏、多路障、多浓雾等恶劣环境,自保系统很完善。因为全密封的驾驶室内有独立的空气系统,若车内气压始终保持略高于车外,就能有效地防止有毒气体的侵入。

2.2.4 机场抢修抢建装备的发展现状

伊拉克战争一定程度上向人们展示了未来战争对机场工程保障的依赖,对机场道面抢修抢建装备提出了新的要求。大覆盖面、高分辨率侦察手段和技术的运用,大量精确制导武器的使用,使得机场道面面临的威胁日益增大,机场道面抢修任务将变得越发繁重和紧迫。机场道面抢修装备不能仅仅满足于修复机场道面的质量要求,还应尽快排除未爆炸药、修复机场道面,达到快速恢复航行的目的。

(一) 总体状况

机场抢修始于第二次世界大战,当时一般使用沙、石等材料抢修跑道。20 世纪 40 年代中期,苏联研制出钢道面板。20 世纪 60 年代中期,美国研制出比钢道面板重量轻、强度高的隔框式铝合金道面板,又在 70 年代中期研制成功蜂窝夹心铝合金道面板。20 世纪 60 至 70 年代,美国空军与英国皇家空军一起研究了 FUN 快速跑道修理系统,美空军在佛罗里达州埃林空军基地的空军试验场进行了弹坑抢修试验。随着材料科学的发展,20 世纪 70 年代美军利用高级纤维复合材料,并结合有限元分析手段和飞机模拟加载车的实体通行试验,分析了 AM-2 道面板的材料、结构形式与连接方式,研发了新一代道面板 AM-X,目标是满足 C-17 和 F-15E 飞机超过 1000 次的重复通行要求。

美军玻璃钢道面板的开发从 1981 年开始,于 1984 年、1987 年、1988 年先后进行了 4 次大规模的抢修试验,在实际抢修中检验其实用性,并且使用 F-15、F-16 等飞机进行飞行检验,就折叠式玻璃钢道面板的各个技术方面进行系统、细致的研究,其最终成果也是可靠、实用的。20 世纪 80 年代至今,美国又研制出电子勘测设备,能快速准确地选出最佳抢修方案,提高机场抢修速度。机场抢修技术的发展,主要是进一步应用遥测遥控技术,提高航弹探测和排弹装置的自动化程度,研究改进道面修补的新材料、新方法,以缩短抢修时间。

第二次世界大战以后,国外学者就一直将拼装式道面板研制作为简易机场快速部署的关键技术,通过不断地改变材料类型与结构形式追求高强度、低成本的效果,以满足高级飞机的使用要求。在材料上试验的结果表明,在 CBR 值为 4~6 的土基上铺设的 AM-2 型铝合金道面板,可以满足轻型歼击机与轻型运输机的使用要求。随着研究的进一步深入与细化,机场领域拼装式道面逐渐演变为拼装式金属道面(钢板道面与板道面等)、水泥混凝土预制块道面与拼装式预应力钢筋混凝土道面口。其中,驻欧美国空军司令部采用预制混凝土板技术作为其主要的跑道快速修复方法,将预制混凝土板技术引入到了高速公路路面的修建中。拼装式混凝土道面强度高,承载能力大,施工快速方便,已广泛应用于水泥混凝土道面的抢建中。苏联最早将拼装式预应力钢筋混凝土技术应用到了机场领域,其在乌兹别克斯坦修建的机场能够满足 C-17 飞机起降而不受到任何损坏的要求。

在抗美援朝期间,我国曾从苏联购买过穿孔钢板道面。在当时的条件下,完成一个野战机场的钢板的铺设,大约需 2 个月时间。铺设一个 140 000 m² 的二级机场道面,包括跑道、滑行道和停放一个团的飞机的停机坪,约需钢板 5 000 t。这种有孔钢板道面的缺点是:承载力小,铺设复杂,运输困难,易生锈,不易保管,使用时扬尘大。我国于 1978 年投资几百万元,开始 AM-2 铝道面板的仿制工作,试制成功隔框式空心铝板,其性能指标达到或超过了 AM-2 型铝板道面的标准。1983 年,在空军某机场铺设了试验段,并进行了 3 个弹坑的抢修试验,使用歼-5、歼-6 和轰-5 进行了近一个月的试飞,共试飞 774 架次。试飞情况表明,国产铝道面板能够满足上述飞机的使用要求。空军工程设计研究局在 70 年代曾研制出"双快水泥",用来抢修机场道面。"双快水泥"不易储存,凝结时间不易控制,可用于低当量子母弹坑的抢修。近年来,我国经过不断的努力,试验成功水泥混凝土预制块、冷铺沥青混合料、快凝水泥砂浆等材料和抢修方法,并研制成功高级机场抢修折叠式璃钢道面板,使空军在战时机场道面抢修材料技术方面有了突破性的进展。

当前,我国加大了机场道面排弹抢修工程机械的开发和研制力度,生产出了一批高级的高性能的军用工程机械装备,装备建设水平有了长足的进步。由空后场务技术研究所、总装备部工程兵技术装备研究所研常林股份有限公司生产的机场抢修工程车(图2.8),主要用于战时机道路面被轰炸后大、中型弹坑自填抢修,也可用于平时道面边角、断换板的修补。该工程车采用负荷传感技术、液压先导技术、液力传动及动力换挡等技术,与搅拌车、自卸车等车辆配套使用,可完成道面抢修作业。该车具有挖掘、装载、推土、破碎、切割、夯实及排水等多种功能。

图 2.8　机场道面抢修工程车

2019年,三亚凤凰国际机场引进一台NJJ5070XXH5型道面抢修车(图2.9)。该车采用国内最新技术,通过在庆铃双排二类底盘基础上加装静音车厢、柴油发电机组、液压切缝机、液压风机、冲击夯等专用装置,能高效快速对破损道面进行切缝、凿毛、清理修补面等作业。

(二) 不足之处

我国现有机场抢修抢建装备与现代空战保障要求同发达国家相比,还有相当大的差距,主要表现在:

(1) 老旧装备比例大,部分高级装备技术含量低。机场道面的抢修受重视

图 2.9　道面抢修车

程度不够,一定程度影响了与之相关的抢修装备的发展。据调查,老旧装备在机场道面抢修装备中占了相当大的比例。一些装备使用年代较久,稳定性、可靠性差,故障率高;有些装备历经大修,行将报废,已经无法正常工作。与此同时,新配发的部分高级装备技术含量不高,性能落后,自动化程度低,大大降低了保障能力,不能快捷、高效地完成抢修抢建任务。

(2) 编配数量与需求差距较大。目前,我国工程保障部队的推土机、挖掘机等主要抢修装备难以按装备编制配齐,基本可保障平时训练演习,与战时实际需求差距较大,部分抢修专用装备更是空白。因此,按编制配齐抢修设备是空军机场道面抢修工作的首要工作。

(3) 装备功能单一,综合保障能力差。机场道面排弹抢修涉及寻弹、排弹以及工程施工的各个方面,需求的装备种类较多。战时机场道面抢修工作对装备的需求,已从过去对单件工程装备需求转向对整个工程装备系统的需求,从对工程装备单一性能的要求转向对工程装备综合保障性能的需求,强调整个工程装备体系结构的完整和互补性。当前,空军许多场站以及工程部队配备的装备普遍功能单一、通用化、一体化、组合化程度远远不够,一种装备不具备遂行多种不同作业任务的能力。装备系统之间难以相互匹配和兼容,已成为制约抢修速度进一步提高的瓶颈。

(4) 现有工程装备的稳定性、可靠性与外军相比差距较大。国外企业对骨干抢修抢建装备提出了超可靠性要求——装备可靠性能大幅提高,故障频率显著降低,平均无故障间隔时间达到2 000 h以上,可靠性指标达到99%以上。我国有相当多的工程机械都是由国外引进的工程机械或民用工程机械改装而成的,与外国军用工程机械相比,稳定性有一定差距。

为了应对世界新军事变革的挑战,发达国家军队都在积极采用新材料、新技术、新工艺,不断推出先进的空军机场道面抢修装备。在设计理念上,强调系统化、精确化和模块化,以功能单元为模块,整体研制,积木式配置,不断加强空军机场道面抢修装备的系统研发,追求整体最佳效益;在采用大量高科技手段提高装备性能与生存能力的同时,也注重对现有装备进行技术改造,提升已有装备效能;在功能应用上,对装备的伪装与防护能力也作了一定提升。

加快信息化机场道面抢修装备也是国外研究人员的最新课题。信息化机场道面抢修装备是指采用信息技术加以改造或改进后具有信息探测、传输、处理和控制等功能的高级机场道面抢修装备。它将对机场道面抢修的信息实施数字化处理,对抢修决策实施智能化支持,对装备故障和机场道面实施自动化检测,对抢修资源实施可视化监控,对抢修保障实施精确化组织。

我国应及时而有力地抓住信息化所带来的机遇,提高机场道面抢修装备的信息化水平,为打赢未来可能发生的高科技战争做好充分的准备。加强对机场道面抢修装备的研制与改造,一是要不断提高机场道面抢修装备的通用化、组合化、系列化程度,实现"一机多能",不断提高装备之间的匹配和兼容,这也是世界范围内抢修工程装备发展的基本趋势;二是要将新技术、新材料广泛应用于抢修装备的研制和改造上,有效提高装备的稳定性和可靠性,提高装备的战术技术性能。

2.2.5 港口码头抢修抢建装备的发展现状

港口码头抢修抢建装备包括港口码头、航道、装卸机械、滚装设施、仓库堆场、港区重要通道、疏港道路、船舶检修整备设施等。我国围绕水路运输装备、装卸保障、岸海衔接保障三大技术领域,重点发展民船加装、改装、无码头快速装卸和岸海滩涂通行等相关装备。

(一)总体状况

国内研制的新型港口码头快速装卸设备有以下几种:运用模块化组合原理的海上拼装式多功能作业平台;主要用于装备、物资的近岸驳运和滩头装卸的海上机动卸载平台;用于港口无起吊设备情况下,对普通运输船舶实施装卸载的组合式岸边起重机;主要用于连接趸船(或岸域)与船舶的跳板的滚装可调平台。

应急机动栈桥主要保障各种重型车辆通过内河及沿海港湾,软地面铺路车主要用于解决轮式车辆装备通过滩涂的问题。我国研制的复合材料应急路面器材,可以在软地面作为应急路面使用;研制的绳结式路面器材,可提高运输车辆在松软地面的通过能力;研制的江河浮式通道,也可以在软地面作为应急公路路面使用。

国外主要发展辅助起重船用于海上卸载集装箱,从本船或靠泊的船舶上将集装箱及其他物资吊运到转运平台,或直接吊运到栈桥渡船上;气垫船登陆平台由模块化浮箱拼装而成,与滚装卸载平台连接,可将人员、装备通过LCAC气垫登陆艇直接驳运上陆,具有较高的抗风浪能力。

国外研制的充气式模块化栈桥是一种由柔性气囊、金属路面和锚泊系统等组成的浮式栈桥;海上模块化浮箱技术在海岸卸载作业使用最为广泛;柔性移动式防波堤可用于区域应急防浪,保障高海况情况下油污清理、海上打捞、潜艇救援等任务。

(二) 不足之处

我国港口码头设施建设在国家水路运输体系的基础上得到了较快发展,但滚装码头、杂货码头和多用途码头等的新建改造,与未来国家国防安全、水路战略投送"规模适当、布局合理、功能配套"的要求还不相适应,主要表现在以下几个方面:

(1) 码头陆域设施与其配套设施还不完善。例如通港道路技术标准低,主要表现为一些道路承载力不足、转弯半径小、通道宽度和高度不够,不能满足重型履带式重装备通过需要。

(2) 检修、救援等相关保障设施还不配套。海上人员装备的打捞救援等任务会越来越多,而目前船舶检修基地、船坞等检修设施和救援船舶等打捞救援设施建设较少,战备设施总体方面还不配套。

(3) 部分航道建设等级与船舶通行还不适应。很多航道因建设时缺乏配套防护工程建设,洪水季节或山体落石等情况导致阻止通航事件常常发生。

(4) 部分港口码头与重装备装卸要求还有差距。目前,沿海港口码头多为直立式码头,轮式或履带式重型装备无法滚装,增加了装卸载时间,不能保障部队快速机动；缺少重型装备装卸的装卸机械，特别是重型港口吊装机械。

2.2.6 其他道路交通抢险救援装备的发展现状

（一）多功能抢险救援车

应急交通运输装备是指为保障人员、装备和救灾物资快速、准确、安全送达，国家交通体系在应急运输组织过程中综合运用铁路、公路、水路、航空多种运输方式，所采用的专用运输装备、保障装备和装具器材。多功能抢险救援车就是一种新型实用的应急交通运输装备。

地震、大型山体滑坡等灾害发生后，出现道路堵塞、桥梁中断等现象，致使普通救援车辆无法进入灾区施救，特别是涉及河流或堰塞湖时，普通救援设备在水路上无法通过，只能通过船来转运，影响到救援的及时性。全地形履带式抢险工程车就是一种水陆两用、模块化组合车辆，可作为人员运输车（16人）、多功能车、救援车、反复供给多功能车、多功能抢险车、物资运输车等组合系列，分前后铰接连接转向，水陆两栖，可以作为地震现场、洪涝灾害和野外现场救援、救护、抢险多功能车使用。

多功能应急抢险泵车就是将高通过性自行式车辆和先进的液压技术相结合，开发的一种大流量、高扬程的移动式泵站系统。该系统由柴油机驱动，不需要电源及电力设施，不需要建泵站，灵活、机动性强，可随时到达需要的场合，自身的升降机构可使泵迅速安装就位运行，迅速形成抽排水能力，可紧急用于抢险救灾排水、建筑工程基坑排水、抗旱供排水以及城市洼地渍水抢排等。

全路面多功能地震抢险救援车具有高机动、高越野性、较强的全路面通过能力，同时具备起吊、牵引、发电、照明等功能。器材厢内配备破拆、侦检、警戒、堵漏、防护等消防和救援器材工具。该车主要用于发生地震或其他原因造成建筑物倒塌灾害事故时以抢救生命为主的应急抢险救援工作，其突出特点是配备的底盘具有良好的越野通过性，能够快速通过和进入毁坏的震区，作为地震抢险救援的先头救援部队和救援装备进入灾害现场，单独提供综合救援作业。

近距离危险场所救援作业车可用于地震或因其他原因造成建筑物倒塌灾害事故的近距离抢险救援工作，采用高通过性的履带式底盘设计及抢险设备集成设计，提高了抢险设备的通过性，扩大了其使用范围。该车具有自我防护功能，能够防止在建筑物倒塌或自身倾翻情况下对驾驶室内工作人员的伤害。该车是集起重、清障、发电、照明、切割、焊接、供气等功能于一体的工程设备,装备随车起重机、清障牵引装置、发电机、电缆箱、空压机装置、气割设备、电焊机装置、舱体以及各种救援工具等专用设备。救援工具主要包括液压电钻、液压剪切钳、千斤顶、探照灯、撬杠、尖锹、钢镐、砌铲及维修工具等。其采取通用的工程机械用履带底盘,具有很强的复杂地形通过性能,能够快速进入震区,爬上废墟瓦砾、危房等危险场所进行近距离抢险救援施工及支援保障工作。

重型救援车作为高级战术车辆家族的一员,具有机动性能高、运输功能强等特点,主要用于战场抢救、回收故障或受损车辆及其他设备。它不但能将故障、战损车辆或其他装备拖至安全地带或修理场所,必要时还可以单独对车辆装备进行总成更换和修理。典型代表车辆如意大利陆军装备的 APS-95 系列重型战术载货车,其绞盘的标定拉力提高了约 33%,钢丝绳的有效工作长度增加了约 46%,单车的最大拖救力增加了约 37%。英国陆军装备的 IMMLC 型救援车,与其第 2 代相比,最大起吊质量甚至提高了 81%。为了保证救援车辆能够完成其救援任务,通常还要求其具备一些必要的维修作业能力。因此,新一代救援车都增强了维修能力。除了必要的起吊设备外,车上还配备了成套的通用和专用工具、夹具,装有功率较大的焊接和切割设备、检测设备以及相应的机械化拆装工具,而且还利用车厢或专用支架携带诸如动力装置这样的大型部件以及常用消耗器材。在野战条件下,单车能够完成一定范围的换件修理工作。在救援车上加强了战场技术观察手段,装备了现代化昼夜观察装置。在重型救援车上安装有效指挥救援的电子设备,从而加强救援车辆的救援指挥功能,使战场上的一线救援官兵能够快速搜集、获取救援执行情况及保障资源使用状况等信息。

新加坡科技动力有限公司于 2001 年 5 月推出全地形履带运载车。它的最大特色是能在各种地形安全行驶,也具有攀斜坡、跨沟壑和涉水的功能,具有"入水能游、出水能跑"的机动性。全地形履带运载车装备有威力强大的电子发动机,最高速度可超过 60 km/h,其在水中"游泳"的速度则为每小时 5 km。特殊的操纵装置使运载车能适应各种地形。全地形履带运载车外形类似轻型坦克,运载量约 4.7 t,用途非常广泛。它由两节车厢组成,后车厢分"密厢型"和"平台型"两种,可根据用途变型。作为人员运输车,它可载 16 人;作为支援保障车,它可运载粮食和汽油等生活用品;作为救护车,它可装 4 副担架或让 9 个伤员乘坐。目前国内有此类车辆共有 11 辆,全部是引进德国施密茨地震抢险救援车,进口地震救援车所用的底盘均为 4×4 全驱底盘,价格昂贵。

美国重点发展的是高机动性多用途轮式车辆(HMMWV)和重型扩展机动性战术卡车(HEMTT)。HMMWV 可以构成人员输送车、物资输送车、救护车和指挥车。瑞典发展的 BV206 铰接式履带车辆是全地形车辆,可在泥泞、雪地、沼泽等条件下通行。

(二) 顶撑破拆装备

汶川地震救援案例的总结研究表明,顶撑、破拆类装备在救援中发挥了极为重要的作用。在多层、框架结构废墟的救援中,人员手工的力量基本无法企及。由于体积巨大、可控性较差,若使用工程用大型吊装、推铲和凿破设备,对被埋压幸存者的生命可能造成极大威胁,难以安全有效使用;而小型专业顶撑、破拆等救援设备则成为多层和框架结构废墟中实施救援最为有效的技术途径,其对救援成果的技术贡献率最高。

惊天智能装备公司主要生产挖掘机液压破碎锤,并于 2005 年开始独立开发研制有线/无线遥控、数字视频监视的多功能拆除机器人,2012 年 4 月推出第 3 代 GTC15 型多功能遥控拆除机器人。该机器人集仿生技术、通信技术、控制技术、传感技术、机电液一体化技术、冲击振动技术于一体,可以在易燃、易爆、易坍塌的危险区域中灵活地进行全方位、远距离控制的破碎、拆除作业。GTC15 型多功能遥控拆除机器人以日本产 KUBOTA/YANMAR 柴油发动机为动力,并采用负载敏感压力补偿控制系统,选用进口负载敏感变量泵和负载敏感阀,使主泵的输出流量自动与执行元件负载的变化相适应,减小了过剩压力和过剩流量,降低溢流损失。其工作装置的油缸中安装了美国 MTS 非接触磁致位移传感器,回转机构及行走机构安装有德国 GEMAC 编码器,并配置了可扩展的工业计算机,所有传感器数据可搜集用于机器人路径规划、自动避障、破拆目标的选择与定位。同时,该机器人采用 CAN 总线通信模式,利用红外线遥控技术、蓝牙通信技术建立机器人的整个通信系统。此外,还建立了机器人的视觉系统,对复杂环境可进行实时视频监控。

传统的混凝土破碎采用的是气锤打碎,这种方式产生的冲击较大,容易造成操作人员的安全事故。而水射流设备通过大功率柴油机驱动的高压泵制造高压水,从特殊喷嘴中喷出超音速高压水射入破坏的混凝土的疏松、破裂表面。高压水在混凝土中产生一个超压,当其压力超过混凝土的抗张强度时,混凝土发生破

图 2.10　惊天智能 GTC 系列拆除机器人

碎,而混凝土中间的钢筋构架能够保证不受到损伤,操作工人也不会感受到大的冲击,安全得到保障。在应急场合,当发生人员被物体夹击需要对物体进行切割时,其他切割设备不容易控制,且使用当中大量出现的切割火焰会威胁救援对象的安全;而水切割设备,可以根据不同场合,调整其工作压力,使用中不存在发热、切割火焰等情况,使用安全可靠。

(三) 医疗救援装备

基于目前国内外尤其是我国突发灾害应急救援装备的现状,中国人民解放军军事医学科学院卫生装备研究所等单位合作开展了突发事件中批量伤员现场急救系列装备研制及集成化研究。主要针对突发事件中医学救援活动的特殊环境和保障特点,研制灾害事故造成的批量伤员现场急救系列器材、药品及其携行装具。目前根据国家紧急医学救援队伍的几种建制,已完成了部分常规技术装备和携行装备的配置,并在一步步完善中。

根据突发事件应急救援需要,医疗救援装备配置了部分先进便携设备,包括应急快速检验系统、移动式生命支持系统、便携式生命支持系统等。另外,针对现场救援需要,配置了综合急救箱、折叠冰箱、半导体储运血箱、微型直流压缩机冷藏箱、USB 温度记录仪、医疗器械修理箱、敛尸袋等其他装备。

美国对医疗救援技术及器材装备的研究开始得较早,初期大多将军事及工业方面研究成果应用于医疗救援领域,这为医疗救援器材的生产水平和技术的提高奠定了良好的基础。如今,美国在医疗救援技术装备领域的多种产品都处于全球领先的地位,如 DEL-SAR、DKL 公司的生命探测仪以及 FlUKE、RAYTEK 公司的红外热像仪和测温仪等。

欧洲发达国家在医疗救援技术和装备领域也掌握着先进的技术和生产工艺,其医疗救援器材产品在全球范围内也占据了巨大的市场份额。如德国的 ABC 侦检车、瑞典 HUSQVARNA 及英国 IGS 的救援锯,法国 PROVO 公司的洗消器材、意大利的救援绳索及水下救生器材等等。

日本和韩国近年来也逐渐重视抢险救援器材装备的研究和开发,一些产品也得到了市场的认可,如日本的救生抛投器,韩国的肢体、躯体固定气囊、婴儿呼吸器、多功能担架等。

(四)特种功能抢险装备

近年来,众多特殊、复杂工况对产品多功能性、可靠性、安全性、作业效率提出了更为苛刻的要求,尤其是在矿场、高温环境等特殊工况下。这些产品在解决共性问题的同时,还需要彰显企业在技术创新方面的核心竞争力。代表产品有全地形蟒式救援抢险车、多功能消防坦克、移动式太阳能应急保障电站、无人机时空数据链系统、智能水上机器人平台等。

山河智能"飞雁"无人航拍机是一项拥有高品质飞行任务平台、双模式控制系统的迷你型航空产品,可广泛用于应急救援、巡检、灾情监测、航拍摄影等民用领域及部队飞行训练、侦察等。该设备有先进可靠的飞行平台,配备高可靠性进口发动机;飞行控制系统具有自动弹射起飞、自主飞行、定距/定点拍照功能,具有通信中断自动返回、屏蔽外界同频信号干扰、系统参数实时监控、异常情况自动开伞等安全保护功能;地面站能自动生成航线、实时修改航线和控制参数,能实时监控、记录和回放飞行操作与飞行参数;拥有 5 项专利的高级弹射系统重量轻、运输便捷、拆装与调节效率高;整套无人机系统成熟可靠、操作简单、工作高效,可大大节约测绘成本,提高生产效率。

中联重科 ZLJ5250TCXZE3/ZLJ5250TCXZE4 型多功能除雪车(图 2.11),是一款多种功能集成的大功率除冰除雪车,其设计理念充分尊重中国国情,以绿色除雪为主、机械除雪为辅,根据不同的冰雪情况,选用不同的配置,用最经济的办法,达到最佳的效果。该车刮冰刀与地面紧密但柔性接触,不损伤地面。此外,该除雪车还带有前置滚扫、前置推雪铲、侧置翼铲、下置刮冰铲和后置融雪剂

图 2.11　中联重科多功能除雪车

撒布器,适用于各种道路条件和各种冰雪情况。

2011年3月11日,日本历史上最大的地震引发的海啸冲击了日本福岛核电站,其1号和3号机组相继发生了氢气爆炸。综合考虑现场恶劣的作业环境等不利因素,日方选择了来自中国、世界上技术先进、性能可靠的三一62 m泵车参与核反应堆的注水降温工作。该车良好的性能赢得了广泛的肯定,被日本媒体和民众亲切誉为中国的"大长颈鹿"(图2.12)。

图 2.12　三一重工 62 m 泵车

2.3 国内外道路交通应急抢险装备的发展趋势

当前,随着社会的高度发展、科技的高速进步,各类先进科技产物层出不穷,应急救援装备也必将进一步发展完善。从国际总体形势上看,应急救援装备势必朝着多样化、全面化、自动化、先进化、高效能、高科技等方向发展,逐步实现常规装备标准化、大型装备便携化、小型装备携行化、单一装备集成化的目标,注重机动灵活性、性能稳定性、经济实用性、种类齐全性、操作简易性、修理方便性等特点。

综观发达国家突发灾害应急救援装备的现状,其突出特点主要体现在种类齐全、数量充足、功能稳定、性能可靠、机动灵活性强等方面。发达国家应急救援装备已基本实现模块化配置且各类高科技产品层出不穷,尤其以美国、日本、俄罗斯等国家最为突出。美国政府在灾害紧急救援管理中,普遍运用较先进的技术装备,其应急医疗队配置的所有装备均可在一个托盘上空运,远程机动性极强,卫生应急装备基本实现了模块化、小型化、履带化和机动化,分组合并性能好,具有较强的独立保障和应急救援能力;日本是一个应急救援体系及各项配套建设都比较完备的国家,其灾害应急救援已实现空中医疗直升机和地面野战医院同时进行,大批直升机与地面的救护车、工程保障车、通信指挥车等构成立体保障,形成了空地一体的保障优势;俄罗斯针对突发灾害的应急救援装备均以野战机动医院的标准来配置,可随时开赴灾区开展救援,其卫生飞机、卫生列车和医用船已有效用于灾害救援工作。

2.3.1 多功能,集成化

工程机械作为自然灾害和突发性事故救援中的主力军,在应急救援中的作用主要体现在挖掘功能、平地功能、起吊功能和清运功能几个方面。常规的工程机械只能完成一项功能,例如道路塌方事故的抢险,首先用挖掘机对塌方道路上的碎石进行清理;然后装载机、推土机、平地机等具备铲土功能的机械,配合压路机等道路机械,迅速地完成快速道路的抢修工作;如果遇到巨石、桥梁等大型障碍物需要移除时,在道路抢修完成的情况下,往往需要流动式起重机等起重机械完成救援现场障碍物的移动搬运;最后,重型卡车往往具备良好的机动性和较大的运输能力,在道路条件相对良好的情况下,可用来运输各种救灾物资。

这种只具有单一功能的工程机械,在实际的道路抢险过程中却存在一些不足:(1)单台工程机械设备功能相对固定、单一。在实施救援工作时,往往需要多台不同种类的工程机械交替工作开展救援。如果救援工作空间相对狭小,对救援工作的开展往往具有较大的限制。(2)多台功能单一的设备在救援过程中由于需要的台数较多,对集中调度提出了较高的要求,否则容易造成救援现场混乱、救援效率低下。如救援设备功能多样化,可大大减少现场救援需求的设备数量,提高救援工作效率。

由于现有功能单一的工程机械不能满足当前应急救援需求,特别是在救援过程中遇到复杂工况时的需要,多功能的高级应急救援装备急需开发。英国的JCB、美国 CASE 等公司研制出了将挖掘功能和装载功能组合起来的挖掘装载机。该设备运行时,只要转动驾驶室座椅方向,即可实现工作端的转换。其中英国 JCB 公司的 HMEE 高机动型工程挖掘机(即为挖掘装载机)吸收了 JCB 先进的挖掘技术和高速农用拖拉机技术,采用 4 轮驱动,最高行驶速度可达 80 km/h,具有挖掘和装载两套作业机构,可提供极佳的挖掘和装载能力,自重 13.6 t,装载能力接近 2 t(图 2.13)。

图 2.13 HMEE 高机动性工程挖掘机

我国自然灾害种类多、范围广,工程机械研发单位应根据应急救援的特点及作业环境研制出多样的救援装备,以满足不同的救援需求。多功能救援装备能满足多种交替作业,相比单一的救援装备能够节省空间与时间,在空间狭小的救援现场,其优越性将得到突显。如美国生产的"山猫"牌多功能滑移转向装载机能够满足十几种救援作业,且每种功能转换对于一个熟练的操作手只需 1 min,

其强大的功能使其在许多国家的灾后救援以及军事抢险任务中得到广泛的应用。

2.3.2 智能化、无人化

随着信息技术的发展，为避免救援场所驾驶员发生危险，救援工程机械朝着可遥控的方向发展。CPS、CIS、无线遥控等信息技术的发展赋予了工程机械作业更强大的抢险功能。救援指挥中心通过安装在救援装备上的 CPS、CIS 能实时了解救援进展情况，同时可以根据需求合理调配装备；无线遥控技术适用于一些危险的救援现场，能够远距离操控机械从而避免人员伤亡。

无人驾驶挖掘机是工程机械行业最先涉及的。有了无人驾驶技术之后，技术人员可在远方操作遥控器，进行救援过程中的拆楼、爆破等危险工作。无人驾驶挖掘机是工程机械行业内开发较早的无人驾驶设备，国内外顶尖厂商都研发了自己的无人驾驶产品。推土机也是无人驾驶的一片热土，在这方面国内企业走在了国际前列。无人驾驶压路机针对于大型的基建项目，批量无人驾驶压路机能够实现集群化作业，提高作业精度，有效加快施工速度。因为压路机驾驶对于驾驶员的伤害较大，所以实现无人驾驶显得尤为重要。

三一重工开发的 SY365 AI 无人驾驶机（图 2.14）将航空电传控制技术应用于传统工程机械控制领域，具有环境感知能力、作业规划及决策能力，集高效率、高安全和高智能于一身，能够轻松实现驾驶智能化、作业智能化、服务智能化升级等功能，适用于矿山、桥梁等工况。采用 MR 混合现实技术，通过双目云台随动系统，遥控距离高达 2 km，非常适用于危险环境的施工。该款智能挖掘机拥有一键修坡、平地作业等功能，能够实现自动挖沟、甩方、装车等功能。

山推研制的 SR26W 无人驾驶压路机（图 2.15），是山推拥有完全自主知识产权、国内领先的无人压实设备，采用了人工智能、视觉计算、监控系统配合工作，对压路机进行精准定位控制和自动引导，按施工要求进行自动行走和转向，实现无人驾驶的功能。SR26W 前后车安装了超声波传感器及雷达，可探测到 0.5 m 以外的障碍物，自动停车避让；借助北斗定位系统及双 GNSS 定位天线，整车可达到厘米级的高定位精度；根据压实区域，自主规划压实路径，智能化水平高。

图 2.14 三一重工开发的无人驾驶挖掘机

图 2.15 山推无人驾驶压路机

GTR170远程遥控推土机是中国国机重工集团有限公司吸收国内外先进技术和经验,针对高温、污染等危险、恶劣环境而开发的一款高效、安全、精准、舒适,可实现远程无人化操作的全液压传动推土机。该机采用静液压传动、无线远程遥控、工作装置厘米级控制和远程控制及故障诊断等先进技术,与同马力液力传动推土机相比,保养费用节省60%,综合燃油消耗可降低10%~15%。其可在设定距离内实现远程控制主机启动、熄火、行走、转向、制动、工作装置升降和倾斜等动作,解决了垃圾处理、建筑拆除、抢险、防爆、救援等高危作业领域中人的安全问题,并可实现遥控与在机驾驶两种操作模式的一键切换。

三一起重机公布了其SCIS(Sany Crane Intelligent System起重机智能系统),包含了超远程控制、语音控制、无人驾驶、自动就位、智能辅助等多项未来技术,通过展场的操作台,人们可以远程操作远在千里之外的起重机,一键收车、一键展车、上车等遥控动作流畅自然。

集互联网、云计算、远程操控、人工智能于一身的中联重科ZTC1300智能化样机(图2.16),在基本型产品上扩展了智能吊装规划、云端操控、底盘自就位、吊钩自定位、重物智能防外摆、卷扬复合联动、吊臂挠度自适应补偿、自动吊装、智能工况等多项领先行业的智能化技术。起重机操作均可在远程端完成,传统上车操作室被替代:通过规划系统精准计算吊装任务所需的最佳站位点和姿态,起重机在作业场地自动驾驶就位;位于云端的远程操控系统自动解析三维吊装路径,操控起重机自动伸展至目标姿态;配重智能自装通过精准位置识别和姿态调整,一键完成配重装卸;吊钩自动定位,通过变幅、伸缩、卷扬复合联动控制,到达指定位置;重物智能防外摆通过趋势预判,实时自动调整起重机姿态,保持重物平衡;自学习重复吊装记忆优化手动操作的重物轨迹,一键自动完成重复工况吊装。

图2.16　无人驾驶汽车起重机

在即将到来的5G时代,"无人一体化施工方案"势在必行,例如为推土机、挖掘机、装载机、压路机等工程机械装上智慧"大脑",形成无人化、智能化施工机群,从而降低成本,提高施工质量和效率;还可以通过无人机对工地进行勘测,把作业方案远程下载到工程机械上,无人驾驶的遥控距离和联合作业水平将会发生质的飞跃。

2.3.3 全地形,全路面

道路交通抢险救援装备需要适应各种复杂的地形和路面条件,比如抢修港口和码头时需要水陆两用的救援装备,雨雪冰冻路面需要装备具有防滑装置,软沙土路面对起重装备的性能提出考验,沼泽和坡地地形对装备的通过性能和爬坡性能有严格要求。针对不同地形和路面的要求,各个国家都开发了各具特色的特种救援机械。

QAY300全地面起重机是徐州重型机械有限公司采取核心技术自主攻关,部分关键技术与吉林大学等著名高校联合研发的产品。该产品集成采用了大圆弧椭圆形起重臂设计技术、多节伸缩臂插销技术及控制技术、变截面结构设计技术、条形滑块设计技术、安全自项式高级组合式变幅副臂等多项自主技术,具有突出的起重作业性能优势;采用了先进的计算机集成控制技术及电比例泵控变量液压系统,产品操纵性能优越,动作平稳可靠,反应灵敏。整机达到国际先进水平,从而打破了欧美对此类产品的多年垄断。

水陆两栖也是救援车(船)发展的一个新方向。该车(船)既可用于海上救生、水上救援、抗洪抢险、地震救灾等救援抢险作业,也可用于自然景区、国家保护区等各类大型公共安全区的水域、陆域等地的日常巡查工作,打破了现有救生车及救援船单一的功能限制。该车(船)采用四轮驱动,可在非铺装路面行驶。此外,其可从路面直接进入水中。船身为全钢材料,为乘坐者提供了坚固可靠的保障。该车(船)还可加装各种救援设备,如云梯、灭火器、应急通讯设备、液压破拆设备、生命探测仪等。

水陆两栖挖掘机是一种适用于陆地、沼泽软地面及浅水作业环境的多用途挖掘机。行走装置采用多体船式浮箱结构及密封箱形履带板,能在淤泥及水面安全行走与作业。加强的超长工作臂、高效的回转机构,保证了作业品质和挖掘效率。该产品被广泛而高效地应用于水利工程、城乡建设中的河道与湖泊的清淤、湿地沼泽与滩涂的资源开发和环境整治挖掘作业。

国外新加坡动力技术公司开发了多用途的全地形履带运输车"野马(Bronco)",可以通过不同配置(如随车起重机等)以满足人员和物资运输等多种不同需求,底盘采用橡胶履带,可以穿越淤泥、雪地及沼泽等多种复杂地形,最大行驶速度可达 60 km/h 以上。

研制能同时通过多种不同特殊地形和路面的工程机械,将成为未来包括中国在内的世界各国应急救援行业的一个发展方向。

2.3.4 模块化,标准化

将救援装备标准化、模块化,不仅可以实现设备灵活组装,增加装备的功能和使用率,而且极大地方便快速装运。

德军的 PSB2 型模块化冲击桥也是一种高度现代化的模块化桥梁系统,它由 3 个各长 9.7 m 的桥节结构模块组成,可灵活架设成跨度为 9.7 m、18.7 m 或 27.8 m 的桥梁,2013 年取代了"海狸"快速冲击桥。

外国新装备的渡河桥梁装备器材几乎全部采用模块式桥梁构件,使得舟桥、冲击桥、机械化桥和装配式桥的桥梁构件能够通用,且通用化程度很高。如英军 BR90 近距离支援桥和通用支援桥,均由 7 种铝合金的桥节组合而成,每个桥节的接头都具有相同的模数,可以 2 m 的增量架设不同长度的桥梁,所有桥型的设计荷载均为 70 t 军用荷载级,凡 70 t 军用荷载级的轮式和履带式车辆均适用,妥善地解决了多种桥梁器材的运输通用性问题,减轻了装备技术保障的负担。

多次的应急救援行动已经反映出我国装备配套性较差的现状。如液压破拆工具无法组合使用,接口不通用造成器头损坏后无法更换;消防车因与吸水管的接口不通用无法吸水等诸多问题。由此可见,装备的配套性问题已经严重制约了我国应急救援队伍战斗力的发挥,应尝试对应急救援装备进行统型,探讨建立应急救援装备定型列装制度,逐步为应急救援队伍配备标准化、系列化、通用化的装备。

2.3.5 全天候,防辐射

目前美国、俄罗斯、日本等国家已形成比较完备的全天候应急救援装备体系,研制出了许多适用于特殊天气状况的应急抢险高级工程机械,如多功能滑移转向装载机、防辐射推土机、远程遥控挖掘机等。

1986年4月26日,苏联的乌克兰共和国切尔诺贝利核能发电厂发生严重泄漏及爆炸事故。为了应对这种特殊的核辐射灾害,俄罗斯车里雅宾斯克拖拉机-乌拉尔拖拉机厂股份有限公司研制生产了防核辐射推土机,可以进入核事故现场进行应急救援施工。该推土机以T-170M1.01履带式工业拖拉机为基础车,对驾驶室加装厚2.13 mm的铅板,同时换装了比原推土机容量大12%的高级推土板,不仅使得该款推土机具有防核辐射污染能力,还提高了9%的生产效率。

发生雪灾时,传统的除雪方法是用铲刮式、犁式、抛扬式等除雪机械或人力将积雪铲、运往郊外堆雪场,让雪自然融化。近年来,美、加、俄等国先后开发了环保、高效的除雪方法,利用融雪机将装入融雪机的积雪就地融化为水,排入下水道,省去了用运雪自卸车外运积雪的工序。美国雪龙公司、加拿大TRECAN公司、俄罗斯建设机械厂等已批量生产多种型号的融雪机。俄罗斯还研制出了一种高级的除雪机械——热风式除雪车,该车的基础车为载重汽车,利用汽车发动机排出的废气(热风,温度为100~400 ℃),融化用传统除雪机械难以清除的压实雪和积冰,迅速恢复公路和机场交通。

2008年,我国南方遭受罕见的大面积雨雪冰冻灾害,公路、铁路和航空交通同时阻断,直接经济损失超过14亿元人民币。而且,在我国大力发展核能产业的大背景下,核泄漏的风险也加大了。我国近些年,接连发生了多起重特大化学品或危害品保障事故,也需要着重配备大功率水罐车和泡沫车、具有一定跨距的居高喷射消防车、远程供水系统等先进装备。所以,研制应对极限天气和复杂环境的应急救援装备将会填补国内这方面的空白。

2.3.6 可空运,轻型化

常规道路抢通的作业机械体积和重量较大,功能比较单一,无法适应多样化快速立体救援的需要。因此,开发轻型的多功能遥控抢险车是救援装备的最新研究热点,该车可采用运输机空运、直升机吊运等方式快速布置到灾害现场,以便在第一时间开展救援和抢通作业。

俄罗斯军方开发的空降型推挖机是一种紧凑型的小型挖掘、推土两用机,主要用于空降到战场挖掘工事，也可空降到灾区救援。

美国高级渡河桥梁装备也特别把可空运或可空投作为重要指标来考虑，不仅要求近距离支援桥、通用支援桥等体积较小的装备能够空运、空投，而且要求体积庞大的舟桥装备也应开发成可空运、空投装备，且取得了显著成效。如美国研制的 M18 模块化重型干沟支援桥为适应空中运输的需要，其跳板和加宽板均可折叠，稳定支腿可拆卸，装在框架式车厢内的桥梁模块可用 CH-47 直升机吊运，也可用 C-130 飞机运输，其快速部署能力已在伊拉克战争中得到验证。

其他各国也都将卫生飞机、救援飞机和用于快速布置大型抢险救援机械的重型运输直升机及相关吊具的发展放在突出的位置。美国使用的卫生飞机有 C-130、C-141、B-767、MD-80、C-9，机上配备了先进的卫生设备。

我国直升机、专用卫生飞机及机上装备严重欠缺。2007 年，我国在册的民用直升机只有 124 架，平均 1200 万人一架，仅相当于全球配置水平的 1/57。这种情况直接制约了我国医疗救援的整体水平的提升。所以，研发适应我国经济发展水平的可空运的轻型救援装备以及可以载运这些装备的新型飞机，是我国应急产业面临的新课题。

2.4 我国道路交通应急救援装备的自主创新之路

我国道路交通救援装备的研发已经取得了长足的进步，自主研发了很多具有世界先进水平的应急救援装备。但是，打开中国地震搜救中心的网站，仍能找到来自世界各国的侦检设备和搜索设备：声波/振动搜索仪来自美国，光学生命探测仪来自德国，热成像生命探测仪来自英国，电磁波生命探测仪来自日本等。随着国家对突发灾害应急救援工作的重视，我国应急救援装备得到了迅速发展，但总体而言，国内应急救援装备与国外发达国家相比，在功能、技术水平等方面还存在较大差距，主要存在研发能力弱、集成化程度低、系统体积大、机动灵活性差、能耗大、数量不足等问题。

我国存在幅员辽阔、城乡差异大和自然灾害种类多等具体国情，因此我国的救援装备研发不能盲目照搬照抄国外的技术，而是要根据我国应急抢险的实战需要，开发和研制具有自主知识产权的新技术和新装备。在未来一段时间内，我国应急交通抢险装备应向着以下几个方向发展：

（1）应用先进制造工艺技术，着力提高装备自动化水平。采用机、电、液一体化技术，研制操作人员少、作业时间短、机动性能好、劳动强度低和能在恶劣环境下工作的救援装备。

（2）扩展整装整卸技术应用，实现陆、海、空联运应急保障。发展车载整体自装卸系统，包括以整装整卸托盘作为物资、装备集装化运输平台，以及与之相适应的应急保障单元，如生活、指挥、医疗保障等各种方舱式装备和抢修抢建模块，实现应急条件下物资装备快速动员、投送和部署。研究开发厢式运输车车载物资的掏箱装卸技术，对航空集装具进行统型，开展空地联运集装化研究，实现航空集装具陆、空运输的快速、无缝衔接，提高物资运输效率。

（3）发展信息化与模块化技术，提高抢修抢建装备质量，发展道路综合勘查装备。通过采用自动测量、系统集成及数据处理和快速数据传输等技术，提高道路抢修抢建检测能力和水平。采用机械化、模块化应急公路桥梁搭建单元，根据任务需要组配使用，具备较强的灵活性，易组合，可扩编，提高对各种保障任务的适应能力和快速反应能力。

（4）提高装备效率，扩展装备功能。应急交通抢修装备因数量、种类与运输限制，需具备高效率、多用途的特点：一方面向大型化、专业化发展，以保证在恶劣、紧急情况下高效完成作业任务；另一方面向多功能方向发展，如多用途工程车，具备挖掘、装载、推土、破碎、夯实、切割等功能，只要配备不同的属具便可实现一机多能，大大减少装备的配备数量。

（5）研究民用化改造技术，提高装备生成速度。国外特种装备的发展一直坚持走军民融合道路，我国也要在新装备研发、生产过程中积极贯彻国防技术要求，通过制定相应的技术改造标准规范，指导相关军用装备进行民用化改造、改装，使其具备在突发、应急条件下的救援、保障作用，缩短应急交通抢险装备研制时间。

复杂多样、艰巨的应急救援任务及其自身规律决定了应急抢险救援装备势必朝着多样化、多功能化和智能化方向发展，逐步实现常规装备标准化、大型装备便携化、小型装备携行化、单一装备集成化，并注重装备的机动灵活性、性能稳定性、经济实用性、种类齐全性、操作简易性和修理方便性。就我国而言，在顺应国际形势的情况下，必须针对我国自然灾害种类多、范围广的特点，研制必要的专用大型应急救援装备，走出具有中国特色的自主创新之路。

第3章 道路抢通高级装备

3.1 道路抢通技术

3.1.1 路基沉陷抢修技术

公路路基沉陷是指路基在土体自重、外部荷载和水的作用下产生沉降变形，变形量超过允许值或部分路基滑脱公路的现象。它包括路基沉陷、采空区公路塌陷、路基塌方等，其共同特征是变形破坏主要是垂直位移，形成了路面高程上的不连续。路基沉陷根据其对路基及边坡稳定性影响的严重程度，可采取以下几种处理方案：

1. 机械回填

机械回填适用于沉陷对路基整体稳定性影响相对较轻的路段。采用路基土石方机械对沉陷路段进行回填、整平、压实。有条件的装运透水性好的砂石料或级配碎石料进行回填，标准是以路面不出现陡坎为宜。取料不易或时间紧迫时，用挖掘机先将沉陷交接处的陡坎进行挖除，或在陡坎附近形成斜面过渡。

2. 路基拓宽

路基拓宽适用于半填半挖路基纵向沉陷开裂，沉陷部分稳定性不足的路段。通常采用路基土石方机械挖除部分上边坡，对路基进行拓宽。

3. 注浆加固

注浆加固适用于裂缝已贯通形成圈椅状，错台高度大、边坡稳定性不足的路段。通常采用路基土石方机械挖除路基错台，并进行整平、压实。临时通车后，再对严重开裂范围进行注浆加固处理。

3.1.2 路基坍塌抢修技术

路基坍塌是指路基在垂直方向产生严重下沉，与原路基顶面形成巨大高差。

路基坍塌根据坍塌程度及规模、现场条件可采取以下处治措施。通车后应监测路基稳定性,随时采取放缓边坡或坡面稳定加固措施。

1. 直接填筑法

当坍塌体工程量不大、取土方便时,按原状修复,填土分层摊铺整平压实,紧急情况下可缩小路基宽度、加陡边坡。当坍塌体工程量大或取土困难时,可使用各种就便材料或备置砂袋、片石、石笼、桩板等材料拦边构筑路基边坡,同时在其内填土,缩减路基宽度、加大边坡坡度,以减少回填土石方数量,争取抢通时间。

2. 降坡填土法

如坍塌部分段落较长,且取土修复困难时,可先将未坍塌路段的路基高程逐渐降低至坍塌部分,以凹形竖曲线的形式衔接,再对新的路基进行整平压实完成修复。在爬坡路段采取撒铺碎石、加铺捆扎圆木等措施,以提高地面承载力和抗滑能力,改善通行条件。

3. 挖填结合法

挖填结合法适用于时间紧、滑坡崩塌地段和傍山地段内侧堑坡及其防护加固工程严重破坏、滑移侵入限界、有相应的拨道位置等情况,即向路基内侧(或靠山侧)改移路线,达到单车通行宽度。

4. 半边桥法

半边桥法适用于路基填方一侧坍塌,且坍塌面积大(路面宽度一半以上坍塌),不能满足单车通行的情况,常见于半填半挖路基。此时因坍塌部分位于陡峭横坡上不易填筑,可采用半边桥法。其具体方法是:沿坍塌段落长度方向密排工字钢,其上再铺设钢板构成临时路面。

3.1.3 路面掩埋阻塞抢通技术

道路掩埋阻塞是指由地震、泥石流、滑坡、崩塌、雪崩等灾害引起的,大量松散土石、雪或者泥,堆积、汇聚于道路上,造成交通中断的状况。对应路面被掩埋堵塞的情况,可以采取以下抢通技术:

1. 从阻塞上强行通过

当阻塞物方量巨大且滑坍体清挖后会引起上边坡进一步垮塌时,应对上边坡进行加固处理,然后采取机械清挖整平、路基处治等措施,使机械、车辆从阻塞物上通过。

2. 机械清障

当阻塞物工程量不大且清挖后不会导致滑坍物进一步下滑时,可采用土石方工程机械全部清除。清挖常用机械为挖掘机、装载机、推土机、铲运机、挖掘装载机,清挖的阻塞物应就近弃堆,当掩埋阻塞路基下方有民居、河道或农田等不适宜就近弃土的状况时,可采用挖掘机、装载机配合自卸车进行远运弃土。如果滑坍体清挖后会引起上边坡进一步垮塌时,应对上边坡采取防护措施,然后进行清挖整平,达到通车目的。

3. 爆破清障

公路抢通过程中,往往会遇到巨石跌落阻碍公路通行,此类情况可采用天然巨石爆破法、大块岩石爆破法、机械破碎、单兵火炮打击等方法进行处理,还可以利用水射流、空气炮等先进的清障设备进行破障。

4. 改线绕行

当路基大面积滑坡、泥石流、崩塌,或者桥梁、隧道坍塌,难以在短时间内抢通时,可改线绕行。改线绕行应充分利用原有道路,尽量减少桥涵数,避免高填和深挖,便于就地取材筑路,尽量少占用耕地,避开重要建筑物。

3.1.4 水毁道路抢通技术

我国许多山区公路沿河布设,路基一侧成为河岸;加之特殊的气象、水文条件,夏季暴雨集中,且极易暴发洪水。洪水迅猛,历时短暂,暴涨暴落,流速快,流量大,对路基的冲刷力和破坏力极大。洪水破坏公路构筑物,冲毁路基,阻断交通,给当地人们的交通出行带来很大不利,严重阻碍了当地经济的快速发展。为缓解灾情,抢通道路,恢复交通,保障人们的正常出行活动,必须制定科学、有力的抢险修复方案,组织公路路基水毁抢险救灾修复工作。

抢修方案要遵循"先路基,后路面工程;先抢通、后恢复"的原则,根据不同的路基水毁类型,制定不同的抢修措施,缩短断道时间;同时,应考虑确保行车安全和将来正式修复的工程条件。汛期结束后,根据不同情况,有计划地进行永久性治理或加固,提高公路路基的抗水毁能力,达到防灾减灾的目的。

(一) 水毁道路抢通措施

1. 路基缺口抢修

路基缺口较浅,水已退干,当附近有土、碎石等填充料时,可就地取土,填土复路。若路基缺口较长,河道改移,新河道流速达 3 m/s 以上,可采用使新河道淤死,修复路基的方法。具体做法是在上游投石做成透水坝,坝顶稍高于当时的水位即可,使水流在透水坝前进入原河道,降低新河道的流速,立即填筑路基,迅速恢复通车,新河道以后逐渐淤死。

2. 路基渗水抢修

对于水不深、流速不大的地方,在迎水面用黏土或麻袋装土(草袋孔隙大,易渗漏,不宜使用)进行帮土和码砌,并用土工膜截渗,一般长度最少要超出渗水地段两端各 5 m,高度要高出水面 1 m 以上,底部覆盖路堤的坡脚。对背水坡土体过于稀软或堤坝断面过于单薄、渗水严重的情况,可用反滤层导渗抢护。反滤层的做法是:先将地面软泥、草皮、砖石等杂物清除,按反滤层的要求分层填铺砂石、土工织物等反滤材料。反滤料和块石要适当延伸到坡脚外,对堤身单薄、渗水范围大,又缺少砂石料的地方,可利用麦秸、稻草等细料和柳枝、芦苇等粗料,铺料要上下细、中间粗,上部填土夯实,保持路堤自身的稳定。

(二) 涉水路段抢通措施

涉水路段的抢通原则是"以疏为主,疏堵结合",当涉水路段较长时,在制式桥梁数量足够的前提下,优先采用桥梁进行跨越以达到快速通车的目的。涉水路段的抢通按水流流速、流水面标高不同,可采取的抢通措施包括防护加固法、疏导法、透水路堤法、桥梁法。

1. 防护加固法

涉水路段抢通时,抛石、石笼防护可设置于进水侧桥台锥坡位置,防止泥石流、水流等破坏路基。通常可直接抛石进行防护,缺乏大石块时,也可把混凝土预制块作为抛投材料,采用卡车和推土机由陆上直接抛填,当水流较急、水深较大时可直接现场焊制钢筋笼填装石块,机械配合进行抛填。

2. 疏导法

涉水路段抢通,当采用桥梁或管涵跨越时,可在山行流或水流上游适当位置设置若干简易导流坝,控制流动方向,迫使其从桥孔下通过。简易导流坝可采用木排桩或钢筋石笼导流坝等形式。同时,在进水侧桥台锥坡位置采取冲刷防护(草袋、石笼等)措施;当制式桥梁数量不足,必须采用多孔进行跨越时,应采取防撞措施对基础进行保护(石笼、捆绑圆木等)。

3. 透水路堤法

直接采用条石、块石等大体积材料填筑透水路堤（包括新修透水路堤及在原路基上加铺透水路堤层），并在透水路堤两侧安装醒目标志。

4. 桥梁法

架设桥梁通过，具体架设条件、方法及要求参考桥梁抢通相关内容。

3.1.5 沙害、冰雪灾害中的道路抢通技术

沙漠地区风沙对公路的危害有两种，即路基风蚀和沙埋。沙埋路段的应急抢通分为机械清沙、铺设机械化路面两种方法。机械清沙适用于积沙量大的堆状积沙，可以采用清沙车、推土机、装载机或平地机直接清理沙土。采用机械化路面作为应急救援车辆的临时道路，此方法适用于埋沙层较厚、机械清理较为困难，且起伏不大的沙害路段。

低温雨雪冰冻是持续低温、降雪、冻雨、冰冻等多种灾害综合显现的一种天气过程。持续的低温雨雪冰冻灾害会造成道路积雪与结冰，严重影响各级公路的通行能力，甚至造成路网大规模车辆滞留，因此需采取一定的破冰除雪措施，以保证道路安全畅通。机械法清理冰雪是通过机械装置对道路积冰和压实雪直接作用，去除冰雪危害的一种方法。清除冰雪的方式有很多种，可采用推土机、平地机、小型除雪车、装载机、推雪机、装雪机、扫雪车、压雪车、手扶式除雪车，适用于积雪路段长、人工除雪不能满足要求的情况。特别厚的冰层清除较困难，为保证除冰过程中路面不受损伤，需要使用相应的除冰机。一些重型履带式机械如推土机、坦克，可通过履带对结冰路面反复碾压，促使冰层破裂、移动。

3.2 挖掘装载机

徐工 XT870 高原型挖掘装载机的可靠性、安全性、舒适性及可维修性等性能针对高原环境进行了全面提升，具有功率大，作业能力强，行驶速度高，转弯半径小，操作舒适简便，低温启动性能好，热平衡能力高，维护方便，机具丰富，性价比高等特点。

3.2.1 技术参数

表 3.1 徐工 XT870 高原型挖掘装载机

项目	单位	参数
发动机功率/转速	kW/(r·min^{-1})	74/2 200
工作质量	kg	8 200
最高行驶速度	km/h	40
最大爬坡度	°	20
最大牵引力	kN	70
装载斗容	m^3	1
挖掘斗容	m^3	0.3
底盘类型整体式		驱动形式四驱
外形尺寸(长×宽×高)	mm	6 075×2 350×3 500

3.2.2 结构组成

该机主要由挖掘工作装置、液压系统、防紫外线驾驶室总成、空调系统、电气系统、动力系统、可调独立散热系统、装载工作装置、车架、生命支持系统、制动系统、低温加热系统及传动系统等组成,如图 3.1 所示。

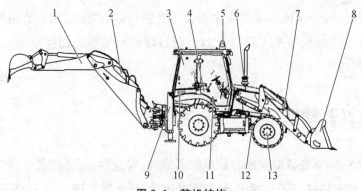

图 3.1 整机结构

1.挖掘工作装置 2.液压系统 3.防紫外线驾驶室总成 4.空调系统 5.电气系统 6.动力系统 7.可调独立散热系统 8.装载工作装置 9.车架 10.生命支持系统 11.制动系统 12.低温加热系统 13.传动系统

3.2.3 工作原理

(一) 低温启动系统

低温启动系统(图 3.2)主要包括电磁泵燃油吸油杆总成、液体燃油加热器、控制器总成、发动机和燃油箱等。电磁泵燃油吸油杆总成在燃油箱和液体燃油加热器之间,吸油杆通过螺纹连接在燃油箱底部,电磁泵水平固定在车架上,吸油杆、电磁泵和液体燃油加热器通过管路相连;液体燃油加热器固定在发动机壳体外,液体燃油加热器有燃油进油口、水泵进水口、热水出水口;控制器总成包含控制盒、控制开关、线束总成等,线束连接控制开关、控制盒、液体燃油加热器和发动机。

同现有技术相比,通过液体燃油加热器燃烧燃油,预热发动机内小循环的冷却水在 60~80 ℃,可达到预热发动机机体的目的,从而可以有效地实现低温启动发动机。

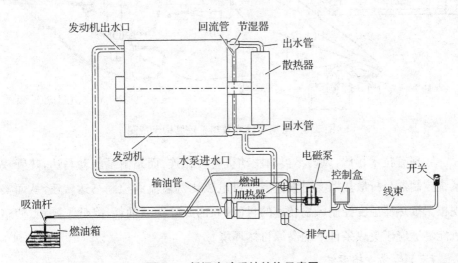

图 3.2 低温启动系统结构示意图

(二) 可调节独立散热系统

可调节独立散热系统(图 3.3),包括冷却模块、液压驱动系统、电控系统。冷却模块包含冷却液散热器、液压油散热器、变矩器散热器及风扇、防护网、护风罩;液压驱动系统包含液压马达、液压泵、高压过滤器、液压管路、液压接头;电控系统包含热管理系统控制器、电磁比例溢流阀、温度传感器及线束。液压泵由发动机直接驱动,液压泵通过管路接头从液压油箱泵油,液压油经过高压过滤器后驱动马达,马达直接驱动风扇冷却散热器,液压油通过马达回油口或溢流口回到液压油箱,从而形成循环;冷却液散热器、液压油散热器、变矩器散热器安装有温度传感器,温度传感器通过线束将散热器温度实时传到热管理系统处理器,热管理系统通过分析数据控制安装在高压过滤器和马达之间的电磁比例溢流阀,从而控制马达转速,达到根据散热器温度控制风扇转速的目的。

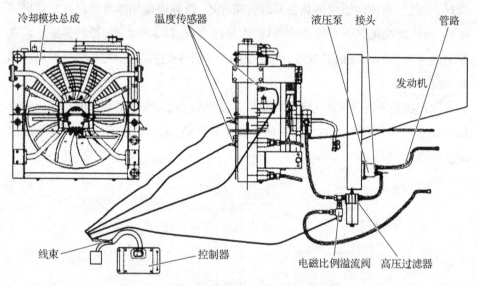

图 3.3 可调节独立散热系统结构示意图

同现有技术相比,风扇不再和发动机直接相连,而是由泵驱动马达,热管理系统控制器分析散热器实时数据后通过电磁比例溢流阀控制马达转速,从而实现根据散热器温度控制风扇转速的目的,并因此降低了油耗,降低了噪声,使整机能够适应于炎热条件下的高原自然环境。

(三) 生命支持系统

生命支持系统(图 3.4)包括制氧机主体、控制面板、线束、氧气管、耳机式鼻吸管及氧气袋等。采用物理制氧方式,即根据吸引剂对空气中的氮气和氧气吸附能力不同,直接从空气中分离出氧气。变压吸附空气分离制氧技术是一种世界先进的气体分离技术,该技术不仅避免了常规制氧方法高压力、容易爆炸等危险,而且还能过滤掉空气中的粉尘。吸附剂为沸石分子筛,分子筛在循环过程中并不消耗,能达到 0.3 MPa 左右的制氧压力,满足驾驶员在高原地区对氧气的需求。

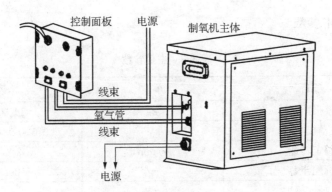

图 3.4　生命支持系统结构示意图

3.3 步履式挖掘机

徐工 ET110 型步履式挖掘机(图 3.5)是徐州工程机械科技股份有限公司为了适应各种地形的作业工况而研发生产的一款多用途步履式挖掘机械。该机采用轮式行驶与步履运动相结合的复合型底盘,既可全轮驱动,亦可步履行进,因此可进入其他机械装备无法到达的作业区域进行工程施工。此外,该机还可通过安装不同的工作机构,使整机具有挖掘、起重、破碎及钻孔等多种作业功能。

图 3.5　徐工 ET110 型步履式挖掘机

3.3.1 技术参数

表 3.2 主要参数

项目	单位	参数
整机质量	kg	11 300
发动机功率	kW	93
额定转速	r/min	2 200
标配斗容	m³	20.3
斗杆挖掘力	kN	47
铲斗挖掘力	kN	70
最大挖掘半径	mm	7 990
最大挖掘高度	mm	8 910
最小回转半径	mm	2 800
最大回转速度	r/min	10
最大自行速度	km/min	12
最小转弯直径	m	13.2
步履爬坡能力	°	45
最大适应作业坡度	°	40
绞盘标定拉力	kN	30

3.3.2 结构组成

ET110型步履式挖掘机底盘采用了步履、轮式驱动的复合式结构,能全轮驱动、全轮转向、轮腿复合;车轮驱动设有速度感应控制和液压差速功能,实现了差速不差力,能适应全地形行驶和作业,步履爬坡能力达到45°,可以在最大35°的斜坡上作业。

ET110型步履式挖掘机不仅可以在普通环境下作业,而且在高寒、高海拔、陡峭山坡、水网以及沼泽地带也能自如作业。其独有的极限载荷调节技术,可轻松实现高原、平原动力最佳匹配,不需重新调整发动机即可在高原与平原地区间正常使用。

该机通过自主编制的专用控制软件、CAN总线技术以及可编程控制器对液电系统进行集成,并将全车各路信息进行收集和智能化管理,以提高整机稳定性、安全性和可靠性;精心设计的多功能电液集成操纵手柄,可控制整机24个动作,使操控更加简单方便、准确灵活。

整机配置有动臂下落自动保护装置和底盘支腿油缸液压锁,以防止设备在使用中因管路损坏所带来的意外危险;平台倾角传感器可及时提示机器在作业过程中的平台倾翻风险,在陡坡作业时,还可利用液压绞盘作辅助牵引保护,以最大限度地保证设备作业的安全性。此外,该机还配置有最大起重力矩限制安全阀和报警装置。

该机配有7路液压动力接口,可装配液压破碎锤、液压抓斗、伐木机、植桩器和液压绞盘等,以实施破碎、物料抓取、伐木、护坡植桩以及救援作业等,而且可为液压钻机、液压振动铲、液压剪等多种液压机具提供液压动力,完成钻孔、凿岩和混凝土破碎、松土等作业。

ET110型步履式挖掘机驾驶室采用翻转设计,打开机罩后,可方便发动机与液压系统的维护;轮边减速机具有机械脱开装置,便于出现机器故障时拖行。

3.4 轮式多用工程车

詹阳动力世界领先水平的JYL313-B型轮式多用工程车,以其先进的设计理念和控制方式,强势登场,可用于各种地形、多种作业用途的高速工程机械。

轮式多用工程车的主要特点有:

(1) 采用含液力变矩器的传动系统,使其具有在各种道路上的高机动性能,其最高速度为90 km/h。

(2) 采用非独立空气弹簧悬架系统,使得该机具有杰出的越野性能,行驶时具有稳定性、舒适性。

(3) 采用先进的电控液压系统,流量可进行精确控制,装载和挖掘操作平稳顺畅,无论微动作或高速作业都能准确完成;通过简单操作即可快速调整至预先设定的推土、装藏、挖掘等工况。

(4) 装载作业可实现自动平衡、回复至记忆位置等功能。

(5) 通过快换接头,迅速配装多种液压辅助工具,可实现挖掘、装载、推土、钻孔、破碎、起吊等作业,还可牵引81平板车,充当运输车辆等。

(6) 具有很强的综合工程保障能力的工程装备,适用于城建、道路、水利、林业、码头工程建设,特别适用于抢险救灾、土石方挖掘作业。

3.4.1 技术参数

表 3.3 主要参数

项 目	单位	参数
整机质量	kg	13 000
额定功率	kW/(r·min^{-1})	138/2 500
发动机排量	L	6.7
爬坡能力	°	30
行驶速度	km/h	90
接地比压	kPa	369
铲斗挖掘力	kN	43
斗杆挖掘力	kN	34
燃油箱	L	360
液压油箱	L	90
发动机油	L	25

3.4.2 结构功能

轮式多用工程车的主要功能有：

(1) 爬坡能力强,越野性能好,最高行驶速度可达 90 km/h。

(2) 具备推铲、装载、挖掘、夹抓、平地、松土、起吊、道路抢修、清除路障、机场保障、工程救援等功能。

(3) 采用空气弹簧减震,减震性能好,满足高速工况行驶和各种作业工况的需要。

(4) 采用电子换挡控制技术,挡位切换灵活轻便。

(5) 前端配备液压绞盘牵引装置,后端配备拖挂装置,自救和施救能力强。

(6) 对装载作业、挖掘作业、悬挂系统、气路系统、灯光系统、故障检测等采用 CAN 总线控制。

(7) 整机散热系统根据水温、液压油温、变矩器油温的高低及变化趋势,对风扇转速进行独立控制,实现按需散热。

(8) 驾驶室采用防翻转、防落物保护结构,安全可靠,有效保护驾驶员生命安全。

第4章 桥梁抢修抢建高级装备

4.1 桥梁抢修抢建技术

桥梁是道路交通网络中的关键性节点,战争和突发事件对桥梁结构的破坏,将直接影响战争胜负,其破坏程度也会影响应急救援和灾后恢复重建。

4.1.1 破损桥梁快速抢通技术

1. 降低标准、半幅限行

对于个别或部分部件不能满足设计建造的技术指标,结构的安全性和使用性能将受到影响,在降低通行标准后可直接满足应急通行要求.或经应急修复加固后其结构安全性和使用性能很难恢复原有技术标准的桥梁,可降低通行标准后通行。

当上部梁体发生严重移位,难以保证全幅通行安全时,可采取隔离措施单车道半幅通行。极重灾区许多受损桥梁初期就是采用这种方式处理的。

2. 便道绕行

桥梁完全垮塌或损坏严重,短时间无法加固,有条件时可采用在桥侧或桥下建立临时抢险通道,该通道一般还要满足后期的保通以及灾后重建阶段的通行。

3. 桥上架桥

对于梁式桥,当上部梁体发生严重纵向移位,但未落梁,而桥墩基本完好,偏移小,有足够承载能力时,一般可用公路战备钢桥或节段式模块化快速组拼应急桥跨越严重移位的桥跨,并在梁底附着桥墩设临时支撑,防止通行车辆振动等导致落梁发生。对于圬工拱桥,在应急抢通阶段难以判断桥梁承载能力的情况下,也可通过桥上架桥的方式达到快速抢通的目的。

4. 设置漕渡

跨越水库的桥梁被震毁,或崩塌的山体阻塞河道形成堰塞湖、淹没公路,一般可临时设置漕渡,供抢险人员和车辆通行。

4.1.2　破损桥梁抢修加固技术

1. 扩大基础加固法

扩大基础加固法,是指扩大桥梁基础底面积的加固方法。此法适用于基础承载力或埋深不足,而墩台又是圬工砌体或混凝土刚性实体的情况。当构造物基础具有较大的不均匀沉降,或者已经造成墩台偏斜时,可采取在刚性实体式基础周围施作圬工砌体或混凝土以扩大基础的承载面积,或在基础周边打入一定数量的桩以提高地基承载力,桩的数量根据地基变形计算来加以确定。

2. 墩台修复加固技术

墩台修复加固主要采用外包钢加固法、复合钢套管法、增大混凝土截面法等方式进行加固。

3. 桥梁结构通用加固技术

(1) 桥梁裂缝处治技术

对桥梁裂缝通常采用封闭或灌注的方式处治。对裂缝进行处治前,必须对全桥梁或墩柱等构件的已有裂缝进行全面检查治理。对宽度在 0.15 mm 以下的裂缝,采用改性环氧树脂胶密封方法处理;对于宽度在 0.15~1.5 mm 的裂缝,应采用自动低压压注改性环氧化学浆液的方法。

(2) 粘贴钢板加固技术

主梁承载力不足,或纵向主筋出现严重的锈蚀,或梁板桥的主梁出现严重横裂缝,可用黏结剂及锚栓将钢板粘贴锚固在混凝土结构的受拉缘或薄弱部位,使其与结构形成整体,以钢板代替增设的补强钢筋,提高桥梁的承载能力。

(3) 粘贴碳纤维加固技术

利用黏结剂将碳纤维增强复合材料粘贴在混凝土构件表面,当结构荷载增加时,碳纤维布因与混凝土协调变形而共同受力,从而提高混凝土构件的承载能力与刚度,对构件起到了加固作用。根据碳纤维复合材料大面积施工的工艺特性和与混凝土紧密黏结的技术工艺要求,在碳纤维布选用上,推荐选用条束孔隙状编织的 12 K 碳纤维布(碳丝为 T700SC),以利于大面积施工。在黏结胶选用上,推荐采用高分子化学反应合成的中低触变、中低流挂、乳脂状碳纤维专用胶,以利于施工过程中其与碳纤维布形成良好的浸润性。

(4) 预应力碳纤维板(体外预应力)加固技术

预应力碳纤维板加固桥梁结构是将碳纤维板(钢丝、钢绞线)沿受弯拉方向进行张拉,并利用锚具将其永久锚固在混凝土结构上,利用预压应力抵消混凝土结构产生的拉应力,改善结构的受力状态,提高结构的承载能力。

(5) 植筋技术

该技术首先先测量放线,标识钻孔位置。钻孔后,用毛刷清除钻孔浮渣清孔,并用气枪清除浮尘。配制植筋胶液,用专用注胶器从孔底部开始向外填孔,然后将钢筋插入钻孔道内,待 6～12 h 固化后浇筑新混凝土。

4. 桥面修复加固技术

桥面补强加固法是通过在桥面板(主梁顶面)上加铺一层钢筋混凝土层,使其与原有结构形成整体,从而达到增大桥面板或主梁有效高度和受压截面,增加桥面整体刚度,提高桥梁承载能力的一种常用且有效的加固方法。

主梁或桥面板承载力不足,刚度不够,或铰接梁、板的铰缝不能有效传力时,可采用桥面补强加固法进行加固。受桥面补强层厚度的限制,这种加固方法主要适用于中小跨径的桥梁。

4.1.3 桥梁抢建技术

1. 桥梁基础抢建

桥梁基础抢修工作量大,消耗材料多,特别是水中基础,受水深流急、地质不良的影响,增加抢修的难度和时间,故基础抢修通常是桥梁抢修的关键。

基础抢修有原桥基础的加固、抢修和新基础的抢建两类。桥梁损毁后经常的、大量的抢修工作是新基础的抢建,通常采用临时性基础,常用的有卧木基础、片石基础、编织袋基础、笼石基础、桩基础等。这些基础具有结构简单、施工方便、便于就地取材的特点,适合于快速抢修;对深水基础,实践中还采用过钢管桩基础、水下混凝土基础、钢板桩管柱基础等。

2. 桥墩、桥台的抢建

桥梁的基础完成之后,应在基础上部快速抢建桥墩、桥台。在交通应急工程中,常用的主要有装配式公路钢桥桥墩、八三式铁路轻型军用墩及码砌木排架墩台。装配式公路钢桥桥墩作为最新研制的一种新型设备,具有自带扒杆、单个构件轻、适应范围广等优点;八三式铁路轻型军用墩是曾在铁路系统和桥梁建设中广泛应用的一种重型桥墩,技术成熟,并在全国范围内具有一定的储备量。在应急抢建桥梁周边树木资源丰富的地区,也可以现场伐木码砌木排架墩台,这种码砌木排架具有架设方便、取材容易、无需大型机械设备等优点。

3. 梁的搭设

道路交通抢建的过程中,一般按照梁式桥方案进行考虑,在完成桥梁基础和墩台的抢建之后,则需在墩台上搭设临时梁,即完成桥梁抢建的主体工程。国内主要使用的桥(梁)的种类包括工字钢梁、321装配式公路钢桥(梁)、ZB200装配式公路钢桥(梁)。

4. 制式桥梁的抢建

在应急交通工程领域,制式装备具有机动性强、承载力高、架设与撤收迅速可靠、对各种地形障碍、河流有较强的适应能力等优点,应用与发展前景十分广阔。

制式桥梁是为保障快速通过江河、峡谷、沟渠等障碍专门研制的道路应急桥梁。常见的制式桥梁装备有山地伴随桥、冲击桥、重型机械化桥、轻型机械化桥、重型桁架桥、轻便钢桥等。

4.2 轻质材料应急桥

51 m 轻质材料应急桥(简称轻质桥)是国家科技部资金支持研发的新一代人工拼装式战备器材。在战时国防交通中,用于快速架设临时性梁,保障轻型武器装备和车辆迅速克服江河、断桥、沟谷等障碍;在平时抢险救灾及国民经济建设中用于架设临时性桥梁。

4.2.1 技术参数

中国船舶重工集团研制的51 m 轻质材料应急桥的技术参数如表4.1所示。

表 4.1　51 m 轻质材料应急桥技术参数

结构型式	单位	含体外增强的桁架桥
主梁结构		铝合金组装桁架
主梁标准节长	m	1.81
桥梁最大跨度	m	47
桥梁设计宽度	m	3.4
承载能力	t	LD-25、LT-25
疲劳指标		5万次疲劳
抗风等级		8级通行,6级架设
架设时间	h	2.5
作业人数	人	40
最大通行纵坡		10%
最大构件单重	kg	主要构件<175;端部构件<220
我岸架设场地	m	长48,宽14
架设适应岸差	m	±2(人工推桥)
架设适应坡度		±3.6%(人工推桥)

轻质桥主要分为单层、双层和双层加强三种规格,每种规格桥梁跨径及相关参数如表4.2、表4.3和表4.4所示。

表 4.2　单层桥跨径表

桥长 L(m)	搭接长度(m)	跨度 L(m)	标准节数(节)	通行荷载(t)
7.84	0.5	6.84	4	LD-25
9.65	0.5	8.65	5	LD-20
11.46	0.5	10.46	6	LD-15
15.08	0.5	14.08	8	LD-10

表 4.3　双层桥跨径表

桥长 L(m)	搭接长度(m)	跨度 L(m)	节数(节)	通行荷载(t)
27.50	2.0	24.50	10	LD-25
31.12	2.0	28.12	12	LD-20
34.74	2.0	31.74	14	LD-15

(续表)

桥长 L(m)	搭接长度(m)	跨度 L(m)	节数(节)	通行荷载(t)
41.98	2.0	38.98	18	LD-10
51.03	2.0	47.03	23	LD-5

表4.4 双层加强桥跨径表

桥长 L(m)	搭接长度(m)	跨度 L(m)	节数(节)	通行荷载(t)
51.03	2.0	47	23	LD-25

4.2.2 结构组成

(一) 整体结构

轻质桥全状态下最大长度为51.03 m,可按1.81 m单位长度进行组合变化,全宽3.4 m,跨中截面高度为3.75 m。当采用单层结构、双层结构时,桥梁截面高度将会分别为0.4 m和1.35 m。轻质桥的桥体的主图和横截面图如图4.1、图4.2所示。

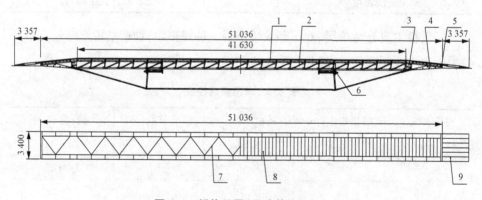

图4.1 桥体总图(尺寸单位:mm)
1. 上部箱梁 2. 下部三角桁架 3. 过渡单元 4. 楔形单元
5. 端部横梁 6. 张弦系统 7. 支撑系 8. 桥面系

(二) 桥梁组合形式

根据不同的需求,桥梁器材组合形式可分为单层桥(SS)、双层桥(DS)、双层加强桥(DS+LRS)三种组合形式。单层桥模型的效果图如图4.3所示。

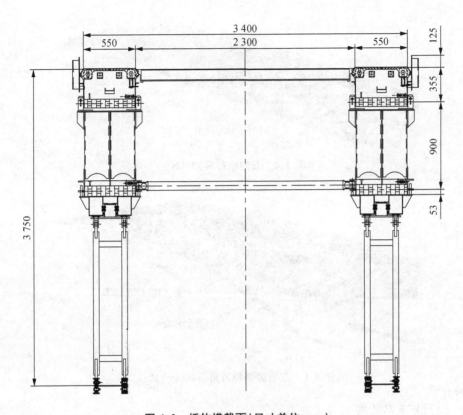

图 4.2 桥体横截面(尺寸单位:mm)

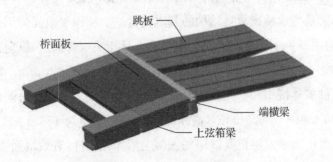

图 4.3 单层桥效果图(SS)

在原有的单层桥的下部安装三角桁架,端部增加变坡构件,桥跨的桁高增加到 1.35 m,增加桥梁的承载能力。其状态图如图 4.4 所示。

当双层桥长度为 32.9~51 m 时,需在双层桥的下部安装复合材料加强弦杆,继续提高桥梁的承载能力,其状态图如图 4.5 所示。

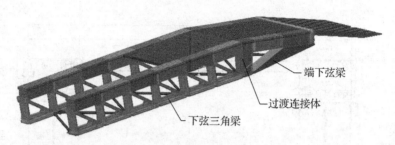

图 4.4 双层桥效果图(DS)

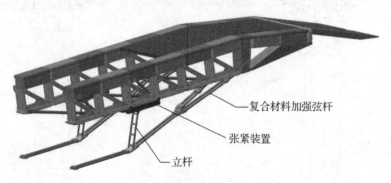

图 4.5 双层加强桥效果图(DS+LRS)

(三) 主梁结构

主梁分为上部箱梁、下部三角桁架以及端横梁等主要构件。

上部箱梁是构成桥梁承重结构的基本构件。上部箱梁单元为铝合金箱形结构,箱梁结构主要由上型材、下型材、腹杆和多耳接头组焊而成,纵向连接长度为1 810 mm,横向连接长度为457 mm,高度连接长度为304.5 mm。箱梁与箱梁之间下部通过多耳接头和桁架销连接。横向两个箱梁之间安装桥面板。外形尺寸为长1 930 mm×宽620 mm×高406 mm,单件质量为156.8 kg。

下部三角桁架是双层桥及双层加强型主桁加强构件,有效增强桥梁承载力。纵向连接长度为1 810 mm,横向连接长度为610 mm,高度为900 mm。上部连接有头桁架销,下部连接无头桁架销,单件质量为167.4 kg。

图 4.6 所示的端横梁是单层桥梁、双层桥梁和双层加强型桥梁的重要连接构件。单层桥梁时,连接上部箱梁,搭接跳板,供单层桥荷载通过,双层及双层加强型成桥时分别连接上部箱梁和楔形单元,并搭接跳板。桥梁架设时,安装导梁滚轮,固定导梁,落桥时在安装千斤顶支承,实现落桥功能,横向尺寸分别为

2 393 mm 和 457 mm,高度方向尺寸为 304.5 mm。

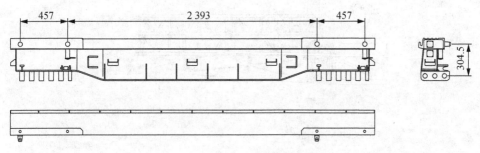

图 4.6 端横梁(尺寸单位:mm)

(四) 桥面系

桥面板安装在上部箱梁之间。在正桥到达对岸后开始安装,供车辆和行人通过。外形尺寸长度为 2 290 mm,宽度为 436 mm,高度为 142 mm,质量为 57 kg。

张弦系统为双层桥的加强结构,能有效提高桥梁承载力。主要包括链板、链接块、T形拉杆、长链杆、短链杆、插销、张紧机构和工作平台等部件。

张紧机构为张弦系统中的重要部件,为张弦拉杆提供预紧力。张紧机构上部安装在下部三角桁架单元上,下部与撑杆连接,质量为 226 kg。张紧机构的结构图如图 4.7 所示。

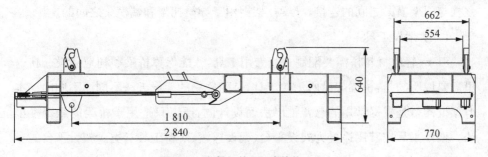

图 4.7 张紧机构(尺寸单位:mm)

(五) 导梁结构

导梁由重型导梁、轻型导梁 A、轻型导梁 B、联板、联板销、导梁连接销组成。重型导梁作为导梁的重要组成部分,可组成单层导梁和双层导梁结构,单件质量约 170 kg。图 4.8 是导梁的结构图。

导梁与主桥连接构件主要有门架立柱、门架横梁、导梁托架、门架柱销、导梁

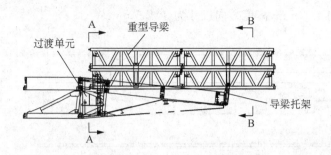

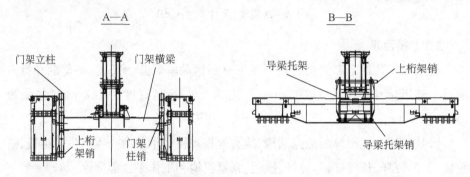

图 4.8　导梁结构

托架销。门架立柱安装在过渡单元上,可用于单层和双层导梁结构。导梁托架安装在端横梁中部,和门架横梁配合使用,用于导梁的安装。门架柱销用于门架立柱与门架横梁之间的连接,导梁托架销用于导梁托架和端横梁之间的连接。

(六) 架设工具

51 m 轻质材料桥需要配制一套专用工具,才能保障桥梁顺利地架设。在这里需要说明的是,桥梁架设所用的工具,是随桥梁的架设方法不同而不同的。本节架设器材是根据常用的悬臂推出法而设计的,所以只适用于桥梁的悬臂推出法。架设工具按其用途分为架设平台、架设摇滚、落桥工具三类。架设平台的布置图如图 4.9 所示。

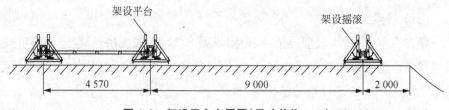

图 4.9　架设平台布置图(尺寸单位:mm)

架设平台放置在我岸架设场地后方,距离岸边约 11 m,用于悬臂架设时主桥构件的拼装。桥梁拼装时,主桥构件下弦三角放置在滚轮梁上,此时滚轮梁处于锁紧状态。液压千斤顶用于推桥过程时桥梁的升降。

架设平台的结构图如图 4.9 和图 4.10 所示。座板用于扩大基础承载面积,提高承载力。可调支架通过调节螺杆调节高程,使桥梁在架设时处于水平状态;与千斤顶座配合使用,用于架设时桥梁高差变化需求。横梁用于连接两侧可调支架。滚轮梁用于支撑桥梁构件的拼装,与可调支架连接,内设滚轮和制动装置用于桥梁的推进和制动。纵梁用于连接两件滚轮梁,同时可在桥梁架设前期用于拼装主桥构件的临时支撑。

可调支架通过调节螺杆调节高程,使桥梁在架设时处于水平状态;与千斤顶座配合使用,用于架设时桥梁高差变化需求。20 t 液压千斤顶和千斤顶座配套使用。千斤顶座和可调支架配合使用,用于拼装架设时调节桥梁高度。

摇滚总成放置在我岸,距离岸边约 2 m,用于桥梁的推进。内设有摇滚可自由转动,以适应我岸地形横坡变化;利用 20 t 液压千斤顶可实现桥梁前端升降,适应我岸地形的纵坡变化。

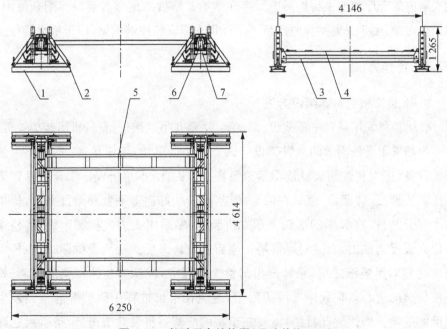

图 4.10 驾驶平台结构图(尺寸单位:mm)
1.座板 2.可调支架 3.横梁 4.滚轮梁 5.纵梁 6.20 t 液压千斤顶 7.千斤顶座

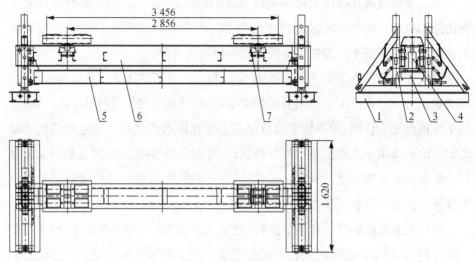

图 4.11 摇滚总成的结构图(尺寸单位:mm)
1. 座板 2. 可调支架 3. 千斤顶座 4. 20 t 液压千斤顶 5. 横梁 6. 摇滚梁 7. 摇滚

落桥滚与落桥滚支座配套使用,布置在对岸,距离岸边约 600 mm,用于落桥。悬臂架设时,导梁前端落在落地滚的滚轮上,当主桥到达对岸后,通过落桥滚支座内的千斤顶使主桥楔形单元落在地面。落桥滚支座与落桥滚配套使用,布置在对岸,用于悬臂架设时落桥。千斤顶支撑安装在端横梁,用于桥梁落桥。

4.2.3 操作方法

(一)轻质桥的基本架设方法

轻质桥可采用悬臂平推架设、浮运架设、整孔吊装架设、直升机吊装架设等,但一般都采用设备简单的悬臂架设。该方法架设迅速,安全可靠,不需要大的起重设备,工人稍加培训就能承担架设任务。因此,本手册仅详细介绍悬臂架设法。所谓"悬臂架设"就是在河流两岸,先安装好摇滚平台和架设平滚,桥梁的大部分构件,在我岸的滚轮上预先拼装好,然后用人力或机械牵引,将桥梁平稳而缓慢地推出,直达对岸落桥支座后就位。采用此法架设桥梁时,在桥梁尚未达到对岸摇滚之前,悬臂推出的整个过程中,应保持整体桥梁的平衡,始终使桥梁的重心落在我岸摇滚的后面,避免在推出过程中因前部悬空而发生倾倒的危险。为达到此目的,需要在正桥的前端另拼装几节桁架,待桥梁达到对岸摇滚后,再逐节拆除。这个额外接长的几节桁架,通常称之为"导梁"或

"鼻梁"。导梁不设桥板,只装桁架(往往是单层桁架)、斜撑、横梁与抗风拉杆等构件。

在通常情况下,桥梁在我岸全部装好后再推出,但在架设大跨径桥梁时,为减轻推出重量或因桁架不足时,也可逐节拼装桁架单元,待导梁到达对岸后,再将拆除的导梁搬回我岸,装齐不足部分桁架;当遇到桥头地形狭窄,桁架无法伸展时,只能采取边拼边推的办法,这时要特别注意随时核算桥梁的重心是否超出我岸架设滚之外,否则桥梁的安全就得不到保证。

(二) 桥梁架设步骤

桥梁架设的具体步骤如下:

① 开始拼装之前,对所提供的架设资料(不论是图样或数表),从头至尾详细地研究,确保完全弄懂所有要点。

② 将滚轮布置在一条直线上并调平,保证我岸架设滚和对岸落地滚之间的距离正确,同时,还应保证所有的滚轮类型(平滚、摇滚或平衡梁组件)和数量无误。

③ 清晰地标出两桥台及结构区内的桥轴线,在最初的几段桥节及随后结构的每次推送中,经常对桥轴线进行检查。

④ 确定准备安装"架设连杆"的位置及其安装方法。

⑤ 针对不同结构类型参照下述架设步骤,依次逐节拼装导梁、桥跨及辅助节间(如需要的话)。

⑥ 对于那些由于架设的原因需在最后固定到位的桥节应特别加以关注。只有少数附加的加强弦杆是在开始就固定到位的。

⑦ 确定多少段桥节应安装桥板,多少桥节不安装桥板。

⑧ 确定桥后部应放置多少配重。

⑨ 在推过沟谷之前,导梁和桥跨应完全拼装好。然而,通常所采用的程序是拼装好几段桥节后便向前推出一点。拼装多少,推出多少。如此,有两个好处:其一是对架设场地要求较短,另一个是器材堆放处可以距拼装地点更近。当使用这种拼装方法时,必须防止尚未最后拼装好的结构倾覆。向前推出时,应使拼装好的结构其重心距架设滚轮至少有一个桥节。

⑩ 在滚轮上组装结构时,须着重防止突然滑动,在水平的架设面上,防止滑动的适当方法是用一根制动销穿过单元下弦杆并插入滚轮的托架内。

⑪ 推桥之前,在所有的滚轮旁安排一名作业手。这些作业手的任务是观察结构推送中的异常情况,如:滚轮跳动,滚轮下垫板不稳定,或其他任何不利于结构继续推送的情况。一旦出现上述情况,观察员应立即发出预先规定的信号,通知监督员停止推送结构。从滚轮上抽出制动销,检查有无其他障碍物,然后慢慢向前推出结构到达新的位置。

⑫ 桥梁可以采用推送或拖拉的方法跨过沟谷。长桥容易偏离桥轴线,最好的方法是采用拖拉法。在水平架设场地,移动桥跨所需要的力可以保守地估计为桥跨总重的十分之一,力量应对称地施加于桥轴线。否则,易于造成桥跨偏离轴线。不论推或拉,都要当心施力的构件要有足够的强度,以免造成构件损坏。

⑬ 需要有相应措施使桥跨能及时制动,以避免桥跨滑过预定位置。例如,可以用一根钢索将结构系在一棵结实的树上或系在压路机上。

⑭ 拼装完成后,检查是否正确设置桥板和配重。如前一样,在每一滚轮旁安排一名观察员,缓慢而平稳地将结构推(或拉)向对岸落地滚。

⑮ 检查落地滚是否与接近的导梁对正。必要时,暂停推送,调整这些滚轮的位置或水平面。如果导梁太低,不能通过滚轮,或导梁太高,导梁需要降低才能压到滚轮上,出现这些情况则必须对滚轮高度进行调节。

⑯ 对落地滚进行调整之后,继续向前推出结构,直到桥跨正确就位在支承位置之上。除非架设方案特别容许,在桥跨正确就位之前不得拆除任何导梁。如果必须拆除导梁需保证架设及构件的安全性。

⑰ 顶起桥梁后部,移去架设滚,把桥跨降落到支座上。

⑱ 从桥梁前端拆除导梁后,用千斤顶顶起桥端,移去落地滚,将桥梁前端降落到支座上。

⑲ 如果桥跨需要降落较多,则必须用千斤顶分级降落,先用千斤顶降低后部,然后再降低前部,前后交替进行,直到整个作业完成。在这一阶段,桥梁的纵向坡度限制在 1:100 以内。

桥梁两端不得同时支承在千斤顶上,在分级降落时,每次落下的桥梁应支承在临时垫板上。为防止横倾,需同时顶起桥跨两侧的桁架。

⑳ 落桥之后,铺设剩余的桥板。

㉑ 完成最后检查。

（三）桥梁架设注意事项

整个架设过程中应特别主要的事项包括：

① 架设面尽可能在同一个水平面上。尽管容许在斜坡上（包括上仰和下倾）拼装和架设桥梁，但在用推拉法架设时，必须加倍小心，应设置滑轮防护装置或采用其他安全措施。因此，斜面架设应尽可能避免。

② 随时注意正在拼装的结构的稳定性，使用必要的垫板防止倾翻。这在桥跨尚未跨过三组架设滚轮的早期阶段尤为重要。需要注意，结构既可能向前倾翻，也可能向后倾翻。

③ 当设置千斤顶和垫板时，应注意其支承反力将对上面的桥梁结构产生影响。千斤顶应尽可能设置在单元的竖杆或斜杆下。在桥梁两端操作时，应使用千斤顶架。

④ 落桥时，尽可能使用"保险垫板"。保险垫板是位于结构坚固点下面靠近千斤顶的垫板。在高度上须能连续调整，使得它刚好能贴近结构底面。如果千斤顶损坏，或下沉，荷载立即由保险垫板承担，从而避免结构倒塌。

⑤ 拼装时，当后一节尚未连上时，不要急于拧紧前面节间的螺栓。这样能使结构具有一定的柔性，使后续构件的拼装较为容易。尤其重要的是，在结构尾部螺栓未上紧的节间数不超过 3 节，其余螺栓必须充分拧紧。推出结构之前，拧紧最后三个节间的螺栓。

⑥ 多跨桥，不论是简支梁或连续梁，在某些方面应有特别的考虑，但大部分架设步骤与单跨桥相同。

（四）场地的布置

在桥梁架设之前，有关人员应先到现场实地对桥位进行勘测，勘测人员应按照图 4.12 的标示做好如下工作：

① 根据桥头两岸接线位置、地形、地貌、高差、地质、建筑物、道路走向及新旧桥位等情况，选择最佳桥位，定出最佳桥轴线，并进行测量，打好桥轴线桩。然后根据测得的河流宽度，确定我岸架设平台和摇滚平台与对岸落桥支座至岸边的最小安全距离和所需的桥梁跨径。

② 定出架设平台和摇滚平台的位置，测出桥轴线桩及架设平台和摇滚平台的高程。

③ 根据接线路堤标高，定出桥梁基础标高。根据地基土的承载能力，确定

支座板下面的基础是否需要处理。如需处理,则应确定好处理方案,并计算出需要填挖的数量,划出填挖的范围。

④ 划出堆料场地,注明桥梁各构件、配件及架设工具的堆放位置。

⑤ 根据勘测人员的设计,进行填挖工作和场地平整,然后安放座板与滚座。滚座安放后,应仔细检查它的坐落是否稳固,纵横向的位置是否准确。当在倾斜的地面上架桥时,还要沿纵向检查将来推出时桥尾是否触及地面。经检查滚轴位置正确无误后,桥梁的拼装架设工作即可开始。

⑥ 我岸桥头料场的布置要考虑运送车辆调头的方便,同时还要考虑架桥时取用构件的方便,因此,桥梁构件的堆放,应按拼装先后次序,依次存放。一般可按下图 4.12 摆放,大部分桥梁构件堆放在桥轴线两边,中间留有宽约 8 m 的狭长地带用来拼装桥梁。

⑦ 当河流两岸为填土路堤时,由于路基较窄,不能存放桥梁构件,此时就得在路堤附近择地放置或沿边坡排列放置。遇到桥头路线直线段很短、桥梁是在边拼边推的情况下进行时,构件则布置在河岸架桥地点附近,必要时还需搭设与路基同高的临时支架来存放构件。总之,桥梁构件的堆放应因地制宜,采用多种堆放方法,但必须要安全可靠,并以在拼装桥梁时取用方便为准。

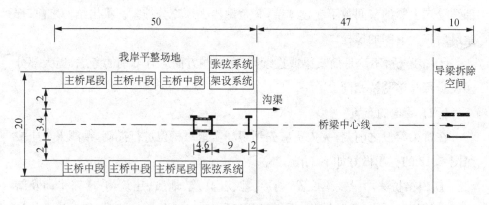

图 4.12　架设场地布置图(尺寸单位:m)

(五) 构件拼装预备操作

人工装配式桥梁的拼接方式决定了器材的架设难易程度,是方案设计的重点内容。好的拼接设计可以使器材安装便捷,操作简单,节省人力。本方案的拼接方式都采用三级定位方式。首先人工粗定位,然后导向槽精定位,最后插桁架销,这种拼接方式使得精度得到进一步提升。

上部箱梁初定位采用锥销,人工倾斜插入锥销后,摆动箱梁远端,使导向轮与导向槽紧贴,完成精准定位,人工插销即可完成安装。下部三角桁架初定位采用 U 形卡槽,人工倾斜卡入桁架销的外伸部,撬动三角桁架远端,使导向轮与导向槽紧贴,完成精准定位,人工插销即可完成安装。

(六) 作业手组织与分工

器材架设时的作业手组织和分工,是一项复杂的工作,需要考虑的因素很多。它与桥梁的组合形式、架设要求的速度、现有人员和架设队伍人员的技术熟练程度,以及架桥人员的身体素质等有关。下面提供的作业手的组织和分工,仅供架桥时参考。

根据桥梁的拼装的次序,桥梁的拼装步骤可分为 7 个大步骤:架设系统拼装→桥跨端部拼装→桥跨中部拼装→桥跨端部拼装→落桥、拆除架设系统→张紧→桥面系拼装、锚定。每个环节内包含部分操作内容,具体工作可参照图 4.13 进行。具体操作是可以并行安排的,合理安排人员分工,可以显著减少架设时间。轻质材料桥拼装最多可以满足 4 个工作剖面并行操作,每个工作剖面可以安排 2 个作业小组轮流拼装。

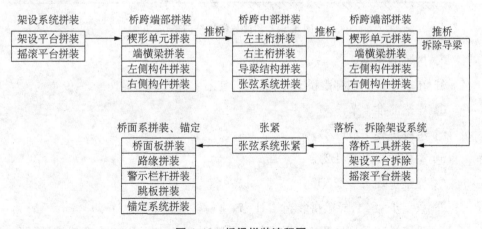

图 4.13　桥梁拼装流程图

(七) 双层加强桥的架设步骤

采用人工拼装,在我岸悬臂平推到对岸。架设人员先根据实际的障碍距离、荷载等级确定桥梁的类型及长度,根据选定导梁的形式进行组装。以双层桥为

例,组装顺序应该是:

① 确定桥梁位置,划定桥梁中轴线。

② 在我岸布置架设平台和摇滚平台。此时,滚轮处于最低位,方便人力拼装;调节支架上的调节螺杆,使各滚轮处于同一水平面。

③ 在架设平台上放置楔形单元。

④ 安装端部横梁。

⑤ 安装端部第一节上部箱梁。

⑥ 安装端部第二节上部箱梁和过渡单元。

⑦ 安装中部标准第 1 节。

⑧ 人工移动构件,搭上前端滚轮需要 16 人协同操作;构件尾部站 4 人配重;锁死平台滚轮的制动装置,锁死装置应一直处于锁死状态,推桥时才打开。

⑨ 拼装导梁连接门架,使其与过渡单元相连,如图 4.14 所示。

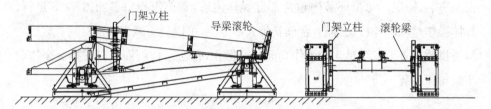

图 4.14 拼装导梁连接门架

⑩ 拼装端导梁。

⑪ 在端导梁上捆绑落桥支座,然后拼装第 1 节重型导梁。

⑫ 导梁前推 1 节。

⑬ 主桥拼装 1 节(B2)。

⑭ 主桥拼装 1 节(B2)。

⑭ 导梁拼装 1 节(2N1)。

⑮ 重复步骤 14,导梁拼装到 4N1 节,主桥拼装到 B5 节。

⑯ 重复拼装重型导梁并推出,导梁拼装到 6N1 节。用有头桁架销锁死导梁,导梁一直处于锁死状态,推导梁时才解锁。

⑰ 拼装双层导梁,拼装到 1N2 节,并推出导梁,双层导梁先拼下面的,再拼上面的。

⑱ 重复步骤 17,至导梁拼装完毕(2E+6N1+4N2),并采用有头桁架销锁

死导梁,拼装完成后的桥身如图 4.15 所示。

图 4.15　拼装完成后的桥身

⑲ 主桥拼装到 B7 节,同时安装 B1~B7 节的抗风拉杆。

⑳ 解开平台制动装置,推桥,第 2 节通过近端滚轮梁。

㉑ 安装 B8~B10 节主桥,抗风拉杆,推桥,第 4 节通过近端滚轮梁。

㉒ 安装 B11~B15 节主桥,抗风拉杆,在 B11 节安装桥面板,推桥,第 6 节通过近端滚轮梁,此时,前端楔形单元到达摇滚。

㉓ 继续推桥,第 8 节通过近端滚轮梁,通过千斤顶顶升,调整滚轮梁高度,将摇滚轮升高 150 mm,以便安装下弦。

㉔ 安装张弦系统的链板、链接块,松开制动装置继续推桥,第 9 节通过近端滚轮梁。

㉕ 继续安装下弦,安装主桥,推桥,重复操作此过程,在 B6 节安装张紧机构。

㉖ 重复步骤 25,主桥完成安装,并推桥到对岸,图 4.15 为此时组装好的桥梁图。

㉗ 安装下弦,推桥到岸,对岸拆除导梁。

㉘ 推桥到岸,对岸采用落桥支座落桥,落桥需要临时支撑或者另一组落桥支座。

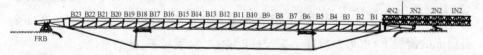

图 4.16　在我岸完成的桥梁组装

㉙ 我岸采用千斤顶支撑落桥,移除摇滚平台。

㉚ 调节张紧机构,张紧下弦。

㉛ 安装桥面系和跳板。

第 5 章　隧道抢通抢修高级装备

5.1　隧道抢通抢修技术

由于隧道大多地处山岭重丘区,地形地貌复杂且又深处地下,事故发生后,抢通抢修场地狭小、工作面有限,所以技术难度大、所需时间长。受隧道功能及抢修条件限制,抢通任务相对艰巨,需要根据现场条件,因地制宜,选择最为合适的抢通抢修策略。

5.1.1　隧道坍塌抢修技术

隧道坍塌,是指隧道在外力作用下,围岩自身结构失稳,造成隧道衬砌甚至周边围岩坍塌的事件。隧道坍塌除了引起道路断通、施工中断外,往往还伴随着人员伤亡、掩埋、车辆损毁及周边环境恶化等情况。处理方法应先加固未塌方段,防止塌方继续发展,然后按照如下方法进行处理:

(1) 小型塌方。当塌方长度较短、塌体堆积不高,且洞身衬砌小面积破坏时,可首先加固塌体两端的隧道洞身,控制塌方向隧道两端发展,并尽快喷射早强速凝混凝土或采用锚喷联合支护封闭塌穴顶部和侧部,再进行清渣。在安全有保证的前提下,也可在塌体上架设临时支架,加固顶部,然后清渣。

(2) 中型塌方。当塌穴高、塌体量较大,洞身衬砌较大面积破坏,渣体基本堵住洞身时,宜采用先护后挖的方法。在查清塌体的规模和穴顶位置后,要采用联合支护方法稳固岩体和渣体,按照先上部、后下部的顺序清除渣体,并尽快恢复衬砌。

(3) 大型塌方。因塌体量很大,不考虑应急抢通隧道。

(4) 塌方冒顶(或隧道被导弹打穿顶部)。塌体量不太大,则在清渣前应先支护陷穴口(弹洞口)。若地层极差,可在陷穴口(弹洞口)附近地面打设地表锚杆，洞内可采用管棚支护和钢架支撑。

若塌方中的塌体块大、难以直接挖掘清理，可采用现有的隧道施工机械进行打碎处理。如多种掘进机、风动式、液压式、电动式以及内燃式等多种凿岩机。其中，液压凿岩机具有能量利用率高、作业速度快、适应不同性质的岩石、工作环境较好等优点，便于施工运用。

当条件允许时，还可以利用凿岩台车进行施工。凿岩台车是指将多台凿岩机安装在一台专门的移动设备上，可实现多台凿岩机同时施工，大幅度提高工作效率。凿岩台车包含多个种类，其中，门架式凿岩台车可以通行出渣的运输车辆，便于打碎岩块和出渣同时作业。出渣时，可采用装载机（包含轮胎式、履带式）、爪式扒渣机、耙斗式装渣机、铲斗式装渣机等多种扒渣、装渣机械进行作业，也可利用自卸车等常规车辆运渣。

5.1.2 隧道涌水抢修

围岩空隙中的地下水（孔隙水、裂隙水、岩溶水）或渗入空隙的地表水，在压力作用下涌出，称为涌水。地震后，断层发生错动，断层及裂隙水连通性可能变好，加之隧道结构和防排水系统受损，可能有大量地下水涌入隧道，如此时又发生隧道基底破坏或塌方堵塞涌水的排泄通道，将造成隧道积水甚至被淹没无法通行。此时可采用疏排结合的方法进行处治，即采用抽水泵排除洞内积水，同时清方导通、疏通洞内排水系统。

隧道衬砌开裂往往与渗漏水同时发生，衬砌轻度开裂和渗水对衬砌结构的强度、稳定性及刚度会产生一定的影响，但不会影响结构安全及正常使用。此类病害通常在抢通阶段不需进行处置，在保通阶段可根据开裂渗水严重程度、发展情况和交通影响考虑是否进行处置。针对轻微受损衬砌裂缝及渗漏水的修补，采用的主要方法有表面封闭法、压力注浆法和引排法。

表面封闭法是利用混凝土表面微细独立裂缝或网状裂纹的毛细作用，吸收低黏度且具有良好渗透性的胶液，封闭裂缝通道。压力注浆法以一定压力将裂缝修补胶液或注浆料灌注入渗漏点、面或裂缝腔内，对结构缺陷进行补强和封闭。引排法需要沿渗水裂缝走向安装导水管引排渗漏水，并用防水材料封闭。

5.1.3 隧道应急抢险设备

专业应急救援队接到应急救援指令后,要立即索要"隧道坍塌事故基本信息表",全面了解事故现场情况,快速调运180钻机、620大口径钻机及配套设备、机具,并将救援所需的大型救援设备轮廓尺寸(如表5.1)和运输车辆的道路通行条件等了解清楚,以保障救援设备快速进场,迅速展开抢险救援工作。

表5.1 隧道应急抢险设备所需大型设备及外形尺寸

序号	设备名称	单位	数量	规格型号	外形尺寸 $L \times W \times H$(mm)
1	水平钻机	台	1	RPD-180CBR	8350×2730×3000
2	多功能快速钻机	台	1	RPD-180CBR(v)	8350×2730×3450
3	大口径水平钻机	台	1	FS-120CZ	9500×3000×2800
4	卫星通信指挥系统	台	1		4820×1885×2100
5	移动营房车+应急终端	台	1		12000×3200×4200
6	侧开式工具车	台	1		9042×2450×3460
7	后开式工具车	台	1		8735×2500×3850
8	50t起重机	台	1	50T	13300×2750×3550

现场应急抢险救援指挥部组织有关专业人员根据现场实际情况,研究确定救援方案,包括生命通道施作方案、正向小导洞方案、迂回小导洞方案、大口径钻机方案、顶管救援方案、竖井救援方案、中心水沟救援方案等。

大口径钻机方案所需的救援装备如表5.2所示。事故现场应在坍塌体稳定,并初步确认无次生灾害威胁后,立即组织开展人机配合,包括喷砼封闭坍方体正面、沙袋堆载反压坍塌体正面、隧道初支结构受坍塌扰动范围回填碎石(沙包、土袋等)至起拱线高度、在回填体上方牢固搭设钢支撑等工作,以加强和稳定初支结构,为后续抢险作业安全创造条件;要提前搭设或填筑180钻机、620大口径钻机进场作业平台,检查维护或修复现场风、电、水管线,为现场施救提供保障。

表 5.2 大口径钻机施作救援通道方案及装备

项目	名称	型号	单位	数量	备注
装备设备及配套机械	大口径钻机	FS-120CZ	台	1	救援队提供
	配套设备	龙门吊、空压机、储气罐及钻具	套	1	
	装载机		台	2	现场准备
	挖掘机		台	2	
机具	全站仪		台	2	现场准备1台(备用)
	发电机	300 kW(液压站)	台	1	现场准备(电压不足380 V时使用)
	轴流风机	3 kW 低噪声	台	5	现场准备(洞内降温)
	电焊机		台	3	现场准备
	气割		套	2	
材料	柴油	0#(钻机)	L	1 000	现场准备(500 L/天)
	钢板	7 m×0.8 m×0.02 m	块	2	救援队配置
	方木	15 cm×15 cm	m³	5	$L=4$ m,现场准备
	木板	5 cm×15 cm	m³	2	现场准备
	砂袋		个	500	现场准备
风	高压空气	1.1 MPa	m³/min	70	救援队提供
水	高压水		m³		潜孔锤钻进使用,现场准备
电	动力电	380V-210 kW			电动机单元,现场准备

5.2 隧道应急抢通车

针对隧道应急抢通作业种类多、作业面较窄的问题,该装备配备了清障破障、掘进钻孔、抓举、牵引、消防救援等多型模块化作业组件。为确保极端危险情况下的人员安全,该装备配备了远距离遥控操作台,实现多媒体融合、多用户共享的指挥调度网络。针对隧道灾害现场烟雾弥漫、能见度较差,该装备同样具备了快速搜索、识别遇险人员和隐藏着火点,并通过雷达成像技术建立现场三维网格拓扑感知模型,维持基本作业能力。厦门厦工集团研发的隧道抢通车的模型如图5.1所示,外形尺寸如图5.2所示。

图 5.1 隧道应急抢通车模型图

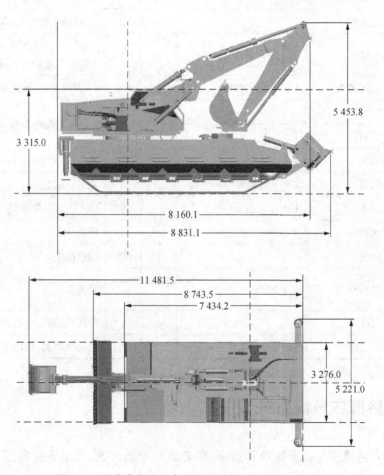

图 5.2 隧道应急抢通车外形尺寸图(尺寸单位:mm)

5.2.1 技术参数

考虑到隧道抢通的作业工况,为保障作业人员安全、提高装备机动性能与防护性能、兼容多种作业装置,在成熟的机械传动履带式装甲底盘基础上,进一步研发电传动系统与动力装置匹配、驾驶与转向控制研究及电传动履带式装甲底盘。

其主要技术指标及使用要求为:

① 底盘重量:≤21 t;

② 乘员:1 人;

③ 履带中心距:2 710 mm;

④ 车底距地高:≥450 mm(局部允许 430 mm),最大行驶速度:≥40 km/h,越野平均速度:≥15 km/h;

⑤ 公路最大行程:≥400 km;

⑥ 最大爬坡度:15°;

⑦ 越壕宽:≥2.3 m;

防护性能方面,底盘系统具有装甲防护性能,个人式三防装置,动力舱具有自动或半自动灭火功能,并配备灭火瓶。

电源电气性能方面,采用 28 V 和 480 V 高低压供电体制,供电能力满足整车供耗电平衡和电气设备的用电要求。28 V 供电系统满足 GJB298—1987《军用车辆 28 伏直流电气系统特性》要求。为上装提供不小于 200 kW 的电力供应,可连续供电 24 h。

安全性能要求方面,具有发动机和电传动装置等主要部件的检测和故障报警功能;电源电气插头具有防差错功能;各设备用电线路应有标识,主要电子电气设备具有自检功能;预留外部检测接口,运动机件、高温部件等具有可靠的物理隔离、安全连锁、异常报警等保护措施,并在醒目位置设置警告标识。

5.2.2 工作原理

隧道应急抢通车底盘采用电传动控制,上装采用电液传动控制,整机动力均由底盘的发动机提供,发电机将发动机的机械能转化为电能,并传输给行驶和工作的电动机,由电动机驱动实现车辆的行驶和作业。

电控系统将控制信号用"电"信号代替"液压"信号，使系统从"开环控制"转变为"闭环控制"，便于实现故障自检测、诊断，提高维护性能；电控化后优化了各工作单元参数，控制更加精确，提高了操作品质。电控化后的整机系统主要由电控多路阀、电控泵、控制器和传感器分系统等组成。

智能化系统则是在电控化的基础上增加了智能化遥控、远程监控和现场感知。遥控系统采用数据指令和图像传输并行独立传输的模式，控制终端进行上行指令采集和发射，车载终端接收无线指令，并直接与控制器进行通信，通过控制器控制进行各项作业，安装在车体的摄像头对操纵视场进行采集，并通过车载终端无线发送给控制终端，控制终端将接收到的视频信息显示在显示器上，操纵人员通过观测显示器上的视频信息进行遥控作业。

5.2.3 结构组成

整车主要由控制系统、履带底盘系统、多功能作业组件等几大部分构成，同时还安装了智能配电系统、综合探测装置及智能遥控设备等辅助系统。

（一）大功率电传动及控制系统

电传动系统是整车的强电部分，包括1套发电机、1套电源控制器（含1套整流器、1套电制动控制器）、1套制动电阻栅、2套牵引电机控制器、2台牵引电机、1套电传动系统散热器，实现机械能向电能转化、电能向机械能转化、牵引、电制动等功能。电传动系统采用交-直-交传动方式，以柴油发动机作为原动机，由发电机将发动机的机械能转化为电能。整流器将发电机发出的三相交流电整流成直流电，并由牵引电机控制器将直流电转化为电压和频率可控的交流电来驱动牵引电机。牵引电机通过侧减速器驱动主动轮实现车辆行驶功能。制动时，通过牵引电机控制器控制牵引电机发电，将整车制动的机械能转化成电能回馈到直流母线上，并通过电制动控制器将制动能量消耗在制动电阻栅上，实现无机械摩擦的制动方式。电传动系统散热器为发电机、电传动系统控制器、牵引电机等提供冷却。电传动系统预留有外接电源供电接口，可供上装设备使用。

（二）电传动履带底盘

依据系统划分，按照实现各系统功能和性能的需求，对底盘系统的空间位置进行了合理的划分和隔离，实现对各系统的合理布置。底盘采用左前部为驾驶舱,右前部为动力舱,后部为作业舱的布置方案。底盘总体布置图如图 5.3 所示。

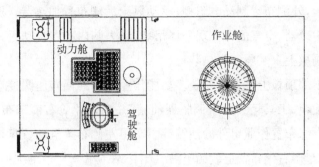

图 5.3 底盘总体布置图

驾驶舱位于左前部,为装甲钢整体防弹结构,具有一定的防护性能,可有效地抵御落石及倒端物的冲击,保护驾驶员的安全。正面和侧面装有驾驶员潜望观察镜,方便闭舱驾驶时观察。为增加驾驶员视线,利用上装配备的车外摄像头,图像显示在导航显示屏幕上。驾驶室顶部为驾驶员出入门,驾驶舱的布置图如图 5.4 所示。

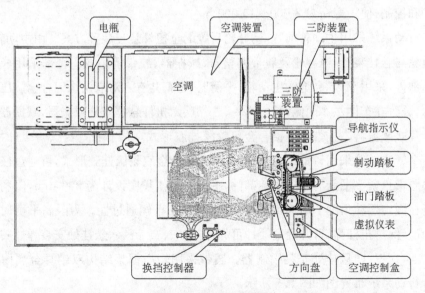

图 5.4 驾驶舱布置图

发动机布置在动力舱的中后部,后部为交流发电机,通过弹性联轴器连接在飞轮上。发动机上部布置中冷器和高低温散热器,发电机上部为空滤器。动力舱前部布置驱动电机及控制器,驱动电机两侧为侧减速器,通过齿套与驱动电机输出端连接。制动器布置在侧减速器与驱动电机之间。动力舱右侧翼子板上布置电驱动风扇,外侧布置制动电阻栅;驱动风扇后侧布置加热器。发动机、发电机、散热器、中冷器、空气滤可实现一体吊装,动力脑内布置自动灭火系统,动力舱与驾驶舱隔板上安装隔音隔热装置。

作业舱上部顶板上设置可安装多功能作业组件的回转座圈接口,两侧翼子板上布置燃油箱、工具箱和履带调整器油箱,并在作业舱右前部布置一个集油箱。作业舱中部布置作业组件的油箱等。车尾左侧布置电动绞盘,车尾甲板设置作业舱盖,车尾右侧布置上装的电液气工作站。吊篮与车尾维护舱门间设置维护通道,可供维修人员匍匐进入。通道地板上可设置辊轴,车内设备安装基准面略高于维护通道地板,便于设备的快速拆卸更换。

推进系统采用电传动装置,二级行星侧减速器和全扭杆悬挂装置,配装金属履带或挂胶履带。根据整车使用性能要求,动力装置选用东风康明斯公司生产的 QSZ13-C550-30 型直列 6 缸、水冷、增压中冷电控柴油机。该发动机具有发动机工况控制、保护和主要参数实时监测功能,可实现失压、超温及超速等自动保护和控制,使用寿命为 8 000~10 000 h。

行动系统采用主动轮前置,诱导轮后置的全扭杆悬挂装置方案。由主动轮、负重轮与悬挂装置、诱导轮及履带调整器、减振器、履带等组成。全部采用成熟产品部件,采用双 35 高炮的主动轮、平衡肘,全车共有六对双轮缘铝合金旋压负重轮,分置在车体左右两侧,其中第一、二、五、六扭杆悬挂安装减振器,减振器采用叶片式减振器。托带轮为铝合金单轮缘挂胶形式,每侧两个内托、一个外托,共 6 个。主动轮采用铸钢结构,诱导轮采用铝合金双轮缘挂胶形式,可通过液压调整履带松紧。平衡肘采用成熟部件,平衡肘工作长度设计为 360 mm,以利于扭杆在固定摆动角度下增大负重轮动行程,提高车辆通过性。为限制平衡肘上摆角度,保护扭杆弹簧,并提高缓冲可靠性,在一、二、五、六悬挂处安装弹性胶体缓冲器,在三、四悬挂处安装限制器。履带采用轻质框架结构双销耳金属履带板。行动系统布置图如图 5.5 所示。

操纵系统是为实现车辆正常行驶以及跨沟缘、非正常路面等特殊路况行驶,完成转向、制动、停车以及驻车等功能。操纵机构主要由多功能方向盖、换挡器手柄、行车制动踏板、驻车制动操纵(阀)、控制管路等组成。

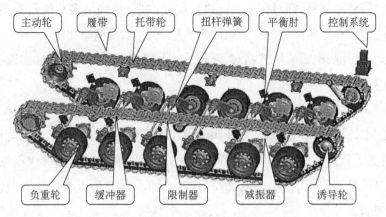

图 5.5 行动系统布置图

车辆转向通过方向盘控制电机差速,实现独立转向,通过操纵变速手柄实现车辆变速控制。本车的制动采用电气机械联合制动,制动过程共分为三个阶段:

第一阶段为车速较高阶段,此阶段单独使用电气制动。电气制动在高速时具有制动能力强、响应快的优点。在车速较高时使用电制动可以避免由于制动器摩擦面磨损加剧、摩擦系数不稳定使制动效能降低的现象。

第二阶段为车速较低阶段,此阶段使用电气与机械联合制动。当车辆减速时,此时电机转速下降,电流减小,电气制动将无法满足车辆快速停车的需要,因此机械制动器开始工作,形成电制动和机械制动同时工作的联合制动。

第三阶段为纯机械制动阶段,此阶段使用机械制动器单独工作。当车速降低至一定车速后,由于电机本身的特性,电制动进入低效区,此时关闭电制动,只有机械制动单独起作用。

机械制动系统由行车制动器踏板、加力泵、制动器和气动系统等组成,均为成熟的市场采购产品。采用两台行车制动器,分别布置在车辆侧传动输入端。当截止阀处于通电通油状态时,气体经过压气机压缩后,经空气干燥器干燥,存储于再生储气筒和储气筒内,当踏下行车制动阀踏板,气体经行车制动阀作用于加力泵,增大压力后的油液经截止阀,使制动器产生制动力,实现车辆的行车制动,持续踏下行车制动阀踏板,将截止阀切换到油路断开状态或者断电状态,松开行车制动阀的踏板,即可实现车辆的驻车制动。

(三)基于电液控制的可速换的多功能作业组件

在隧道应急抢通作业设备功能需求分析的基础上,选择符合要求、技术成熟的各类功能臂和属具,针对作业工况进行优化改造,为满足多功能作业要求,研究基于电传动和电传操作的作业组件的速换技术,采用模块化的电动机-液压总泵集成式动力源、电磁液压控制阀、液压快速接头和通用安装接口,实现各类功能臂、属具的快速更换。

1. 电液系统

智能电传控制系统是基于"泵-阀-动力机"匹配控制的余度式智能电传控制系统,借鉴了航空电传控制系统的设计思路,综合了液压挖掘机电控负流量、电控正流量的特点,采用了航空电传控制系统核心元件DDV阀作为电液伺服先导级控制阀。

电控液压系统是根据整机在不同工况下需要的不同流量,通过电流/电压控制液压泵控制阀,从而改变液压泵的斜盘摆角,并通过角位移传感器实时跟踪斜盘摆角,从而实现流量的精准控制,因此节能方面优势明显。电磁阀、角位移传感器与液压泵有机结合,使得挖掘机操作系统更加舒适、更加智能。

2. 隧道车作业组件设计选型

由隧道应急抢通的实际需求可知,该设备必须具备清障破障、掘进钻孔、抓举牵引、消防救援等多种功能臂,各种作业组件图如图5.6所示。

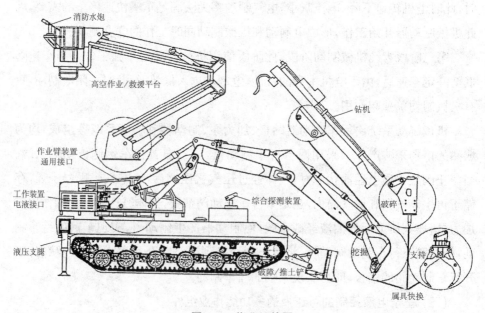

图5.6　作业组件图

其中清障破障由破碎锤和前端的推土铲完成，对于不宜拖拽物体如大型石块，则将挖掘臂上的挖斗通过快换接头更换成破碎锤，完成分解后清理，并由前端的推土铲完成地面平整和障碍物清扫。掘进钻孔功能模块与挖掘臂斗杆或挖斗实现快换，切削钻机可用于基础开挖、边坡灾害治理、交通及国防建设等多种工程，如爆破孔、边坡治理锚索加固、隧道管棚超前支护、路基加固、微型桩孔锚固孔等凿岩钻孔作业。抓举牵引功能则由尾端的牵引绞盘和夹钳来实现，尾端的牵引绞盘可用于大型障碍物的清理，例如事故中倾翻的大型车辆可用绞盘直接牵引拖离现场，对于形状较为规则的障碍物则采用夹钳进行快速清理，采取拖拽或直接抓取搬运灾害现场，完成隧道抢通。消防救援功能则是在回转平台处实现快换，整体更换挖掘作业臂为高空救援作业臂，救援作业臂带消防水炮，可用于现场的救援和消防工作，同时该作业平台也可作为后续隧道拱圈和支护的支撑台架，实现一臂多能。

根据抢通工况需求，主要的作业组件的主要技术参数如下：

(1) 土方作业——挖掘臂

考虑到隧道作业的实际情况，多功能臂为三节臂形式，以便增加作业面积，提高作业灵活性。

其中各作业臂主要受力部件采用高强度新型钢材焊接，提高工作装置强度；铲斗采用高韧性与高强度材料，斗齿更耐磨不易断裂，使用寿命更高。作业臂的铲斗最大挖掘力$\geqslant 137$ kN，斗杆最大挖掘力$\geqslant 99$ kN，铲斗斗容$\geqslant 0.9$ m^3。作业性能与通用挖掘机相当。

在作业臂设计时，根据实际作业情况，对作业臂进行有限元分析，通过在作业臂尾端加载最大挖掘力和加载4吨重物进行模拟分析，两种工况下的作业臂强度均满足要求。

(2) 抓举作业——夹钳

考虑到实际抢通工况和作业匹配，夹钳选用石抓（200 H），该抓的水平展操作压力$\leqslant 35$ MPa，与整机的液压系统压力相当，它使用了高度异型密封系统的油缸，具有良好的拆换能力，刀刃部分可更换，可减少运行费用，满功率运转时的最大抓举力为5 t，满足任务书要求的提举力不小于4 t的要求。

(3) 破碎作业——破碎锤

破碎锤以液体静压力为动力，驱动活塞往复运动，活塞冲程时高速撞击纤杆,由纤杆破碎矿石、混凝土等固体,能在挖掘建筑物基础的作用中更有效地清理浮动的石块和岩石缝隙中的泥土。破碎作业的操作压力为 16～18 MPa,驱动油量为 125～150 L/min,作业能力与作业臂系统匹配。

(4) 钻孔和锚杆作业——凿岩钻机

该隧道抢通设备配备了该外挂式凿岩机,该凿岩机适用于坚硬砂岩、坚硬花岗岩、石灰岩、大理石、火山石等坚硬岩石(硬度下大于 6 级),可满足隧道抢通和抢修中钻孔作业需求,其凿岩直径范围为 28～64 mm,适用于隧道锚杆作业,可用于隧道的超前支护等相关作业需求,还可用于原有建筑结构拆除实现控制爆破。其工作效率是风钻的 5～10 倍,能耗却只有风钻的 1/3,工作效率比传统的凿岩设备要高出 30%～60%。

第6章 机场抢修抢建高级装备

6.1 机场道面快速抢修技术

在机场道面抢修中填补炸弹坑和修复道面是重点和核心。弹坑填补后顶层或作基础的上层反应模量值和做道面后的综合承载强度值应达到或接近原道面的标准。同时,机场道面被炸后弹坑附近的道面板会产生一些裂缝和板边角破损现象,为了不增加炸弹坑和道面修复的工程量,可以进行局部修补。这种修补要与修复道面同时完成,可采用冷施工袋装沥青混凝土或其他快硬材料,使之修补后即可使用。

6.1.1 弹坑填补方法

1. 碎石法

碎石法即将弹坑周围的飞散土回填,直径大于 300 mm 的碎砼块不用,不足部分用备用砂石料回填。在顶层铺筑 600 mm 厚的级配良好的高质量碎石,只在顶层进行压实。

2. 砂袋法和湿砂法

砂袋法和湿砂法即用编制袋装满砂子码放在弹坑中,或用砂子回填,边回填,边洒水,砂成饱和状态。其优点是不用夯实,操作方便,节省时间。

3. 薄膜法

薄膜法即在弹坑内铺设 2~3 层用凯拉夫尔、涤纶或尼龙制成的纤维薄膜,用以支撑和分散飞机机轮的荷载。弹坑底部用废料回填,随后铺上一层薄膜,紧接着每铺一层 300~500 mm 厚的级配材料就再铺一层薄膜,在级配材料与薄膜之间应使用快凝无机黏结料黏合。弹坑表面封层用同样的快凝无机黏结料与骨料拌和在一起的混合料铺筑。

4. 膨胀材料法

膨胀材料法即把膨胀性聚苯乙烯球状体与快凝水泥经气动搅拌,使之形成有孔隙(含泡沫)的黏结料,用以修复弹坑。具体修复步骤是弹坑底部用废料回填,接着用泡沫含量较大的黏结料回填,弹坑上部则使用泡沫含量较小的黏结料。弹坑表面封层用快凝水泥和级配材料铺筑。其优点是工程造价低,施工简便,材料储存期较长,适于修复大小弹坑;缺点是搅拌速度要求非常高(500 t/h)和冬季施工困难。

5. 泡沫法

泡沫法即利用有机材料聚氨基甲酸酯,在现场制成泡沫材料,填充弹坑。这种泡沫材料的膨胀比很容易控制。弹坑底部用废料回填,直填至距弹坑表面900～1 200 mm处为止。然后在回填料上喷洒聚氨基甲酸酯和发泡剂,使泡沫材料膨胀,占据结合料中所有空隙,而且这种泡沫材料能与许多不同种类的结合材料黏结在一起。在距弹坑表面900～1 200 mm的地方,常使用密度较低的泡沫材料,而在450～600 mm深的表层内则使用密度较大、强度较高的泡沫材料。泡沫材料的密度,可通过调整原材料和发泡剂的比例来控制。弹坑的表面封层,可用快凝水泥或其他有机结合料铺筑。其优点是工程施工方便,物资易于储备,填料轻便,材料存放占用的地方小,可在施工现场发泡;缺点是散热量大,易燃性较高,当大量、高速喷射时,泡沫密度难以控制,发泡以后表面形状不规则和易受恶劣天气的影响。

6.1.2 机场道面面板快速抢修

快速抢修损毁道面是机场道面抢修中最常用的方法之一,根据试验结果,目前我们采用4种材料修复面层,分别为:(1)铺设拼装式道面板;(2)钢筋混凝土预制板;(3)碾压混凝土;(4)碎石层灌注砂浆。

1. 铺设拼装式道面板

拼装式道面板是预先制备好的各种道面板材,通常成批成套使用。常用的有钢道面板、铝合金道面板、折叠式玻璃钢道面板,以及用硬质聚氨基甲酸酯泡沫或铝箔制蜂窝状材料填芯的纤维增强聚酯夹层板等。

折叠式玻璃钢道面板是由树脂和高强纤维制成的,是目前国内外较先进的机场道面罩面板。我国在参考国外资料的基础上,自行研制生产的一组折叠式玻璃钢道面板由9块单板通过铰接连在一起,每块单板宽1.8 m,长9 m。当弹坑的面积较大时,可将两组板通过连接板拼装在一起。

2. 钢筋混凝土预制板

混凝土预制板用于机场道面抢修,是国外20世纪70年代普遍采用的方法,这种方法取材和材料储备方便,实用性较强。目前采用的预制板每边长度均为1.8 m,厚16 cm。这种方法首先要整平基础,基础整平是为了铺装后的预制板表面平整;然后用吊车将预制板吊起,在人工的配合下,预制板按一定的顺序铺在弹坑中;拼装好的预制板间,一般留有2 cm的间隙,为使板能整体受力,在板缝间灌砂浆,砂浆以自流动为准,不能太稀,灌入的深度为预制板厚的2/3。

3. 干硬性混凝土

这种方法是现场拌和干硬性混凝土直接摊铺碾压形成面层。这种方法采用快硬水泥,而且水灰比较小,混凝土硬化所需的时间较短,施工2 h后,抗压强度可达到20 MPa以上,基本能够满足作战飞机的使用要求。

4. 碎石层灌注砂浆

这种方法是将级配碎石预先铺于弹坑中,利用砂浆的流动渗透性,使之渗到碎石中,凝固后形成承载面。将级配碎石铺入弹坑后,采用条夯拉平;采用普通搅拌机拌和砂浆,注意控制砂浆的水灰比;用砂浆泵或装载机将砂浆运到弹坑上,同时用平板振动夯进行振动压浆,以利增加渗透深度;当砂浆不再下渗时,用条夯找平,来回各一次。

前面介绍了4种面层的修复方法,通过试验每种方法各有自己的适用范围。对于破坏半径为6～8 m的弹坑,可采用一组玻璃钢道面板进行修复;而对于破坏半径大于8 m的弹坑,宜采用混凝土预制板法或多组玻璃钢道面板进行面层修复;对于破坏半径小于6 m的弹坑,宜采用干硬性混凝土或碎石层灌注砂浆进行修补。

6.1.3 机场道面抢修的工程装备

当机场跑道被破坏后,利用机场贮备的物资材料,要求在4个小时内,抢修分队能修复应急起降跑道上的弹坑,并能迅速清理出应急起降跑道,以备飞机使用。为完成此项任务,抢修分队应配有基本的机械设备和人员。配备基本的机械设备和人员,是考虑同时抢修三个修复面直径8 m、深3 m的弹坑的需求配备,如表6.1所示。如果机场的破坏比较严重,要修复更多的弹坑,则应相应地增加机械设备和人员。

表 6.1 道面抢修需要的基本工程装备

机械设备	数量	机械设备	数量
挖掘机	3	拖车(60 t)	3
平地机	3	机场清扫车	4
推土机(T-7)	3	水车(1 500 加仑)	3
装载机(4 m³)	6	涂料机	2
装载机(2.5 m³)	3	三型工程车	3
二型工程车	3	自卸车(8 m³)	8
吊车(8 t)	3	振动压路机	3
自卸车(5 t)	4	碎裂修复工具	1
牵引车(10 t)	3	最小飞行带标示系统	1
牵引车(7.5 t)	3	跑道应急灯光车	2
拖车(22 t)	3	折叠式玻璃钢道面板固定系统	3

6.2 机场抢险救援工程车

道面抢险车是针对机场快速抢修作业开发的专用车,采用多项自主专利技术。其性能优越、运行稳定、工作效率高,整车技术指标达到了国际同行业先进水平。该车配备柴油动力发电机组、输配电控制系统、电动电缆绞车、厢车吊机、隐藏式车载照明系统,还可选装电焊机、液压动力站及路面切割、破拆工具、渣浆泵等专用抢险设备,具备科技含量高、应用范围广等特点,是机场行业必备的抢修专用车(图 6.1)。

图 6.1 五十铃双排座机场抢险救援工程车

6.2.1 技术参数

表 6.2　五十铃双排座机场抢险救援工程车技术参数

序号	参数名称		单位	数值
1	灯泡	额定电压	V	220
		灯头功率	W	4×500
		灯头光通量	lm	4×10 000
		平均使用寿命	h	3 000
2	连续工作时间	市电供电		不间断
		发电机组一次注满燃油	h	13
3	伸缩气缸	最小高度	mm	1 800
		最大升起高度	mm	5 000
		升降时间	s	30
4	发电机组	额定输出电压	V	220
		额定输出功率/燃油箱额定容量	W/L	2 000/15
5	外形尺寸	长	mm	1 600
		宽	mm	500
		高	mm	800
6	质量	灯盘	kg	8
		伸缩气缸/发电机组	kg	5/45

6.2.2 结构组成

机场抢险救援工程车底盘采用五十铃国五底盘生产，发动机为五十铃发动机，上装为厢式，带五开铝合金帘子门。厢内为发电机、水泵、电焊机、照明灯、风炮机、锤、钢丝钳、铲等等系列，如表 6.2 所示。照明灯为折叠式或升降式，高度 3~7 m。该车同时具备发电、照明、破拆、抽水、起重、焊割等抢修功能。

（1）发电功能：超静音设计、噪音低、振动小、冷却性好、功率损耗低。

（2）照明功能：隐藏式车载照明系统（专利技术），巧妙实用。行车时，照明灯隐藏在顶舱内，防风防雨防撞击。采用飞利浦卤素强光灯，可遥控、升降、仰俯、旋转全方位照明，有效照明距离 80 m，照明宽幅 180°，可保证全天候作业。

图 6.2　机场抢险救援工程车内部结构

（3）破拆功能：配备液压镐，自带减震装置，冲击能量大，噪音低，工作效率是风信的 2~3 倍。

（4）抽水功能：配备液压渣浆泵，流量可达 200 m^3/h，泵体可直接放入水中，无吸程限制，不带电作业，安全性好，故障率低，转速高，流量大，卡阻少，维修方便。

（5）起重功能：厢车吊机采用悬臂式（专利技术），适用于深井作业，便于阀门更换吊装、装卸维修设备，降低工人劳动强度，有效避免工伤事故，提高作业效率。

（6）焊割功能：配备直流逆变焊机、汽油切割机，便于管网作业。

（7）附属功能：配备电缆绞车及输电电缆，便于远距离输配电作业；配备彩色高清倒车监控，减少倒车盲区，提高安全；配备警灯警笛，可快速到达现场；配备高压清洗机，便于清理现场和清洗抢修工具。

6.3　水泥混凝土道面抢修车

随着我国民航业的飞速发展，对机场跑道、滑行道和机坪道面的要求也越来越高。各机场对道面病害的处理,必须做到及时、高效,这就要求机场管理机构提高作业人员自身素质和寻求更加高效的设备工具。参照公路维护方面的做法,水泥混凝土道面抢修车也可推广到民用机场。水泥混凝土道面抢修车是将多种道面修补的必要工具集成在一辆车上,实现设备工具一体化,其能快速到达现场,第一时间开展作业,缩短道面病害处置时间,减少道面病害对机场运行的影响。

6.3.1 结构组成

水泥混凝土道面抢修车通常由箱体中级货车、柴油发电机组、车载照明系统、液压动力系统、厢车吊机、潜水泵等部分组成。

1. 发电系统

发电系统是抢修车的重要组成部分,给各种设备提供电源,要求其结构设计紧凑、体积小、重量轻,使用维护方便。推荐柴油发电机功率在 30 kW 以上,独立油箱,并且油箱容积稍大,在整个修补作业过程中不间断供电。

民用机场飞行区维护维修涉及面广,面积大,车载发电机避免了发电机的搬移,能提高效率。在机场需要进行围界维修、防洪抢险的时候也能及时到达现场提供电源。

2. 车载照明系统

夜间作业是大多数国内繁忙机场维护工作的共同特点,道面抢修集中在航班运行间隙。车载照明系统为抢险车夜间作业现场提供大面积强光照明,方便施工作业,在特殊时候的道面检查中也可运用。

3. 电动液压动力系统及液压工具

(1) 电动液压动力装置

推荐采用功率 10 kW、压力 14 MPa、流量 40 L/min 及以上的液压动力装置,能与任何标准型号液压工具配套使用,要求其使用可靠,操作维护简单,为各种液压工具提供了良好的动力保障。

(2) 液压工具

液压切割锯:采用锯车和手持锯两种方式,搭配多种尺寸锯片,对道面混凝土进行切割。液压切割锯推荐配置自动安全锁,当锯片被卡住时,自动安全锁止功能可以使切割锯立即停止工作。

液压镐:其作用为破碎道面,其质量好坏直接影响到道面修补效率,是机场道面修补中的关键工具。

4. 厢车吊机

悬臂式厢车吊机,固定于厢体尾部,和厢体骨架连为一体,可装卸抢修设备与大型工具、配件,便于施工作业,降低工人劳动强度,提高工作效率。

5. 潜水泵

民用机场飞行区管理部门大多数也承担本场的应急救援工作,车载潜水泵可第一时间到达现场进行防洪排险工作,并且有相应的电源保证。

6. 小型摊铺机

目前国内很多民用机场已实现了跑道沥青盖被,黑道面和白道面混合使用。有条件的机场可加装小型沥青热再生摊铺机,用于沥青道面的修补,解决一些沥青道面病害。

7. 搅拌及振捣工具

搅拌及振捣工具让快速修补料拌和均匀,并在初凝前得到充分振捣。

8. 其他车载设备及工具

其他车载设备及工具指其他非道面修补核心设备,如手锤、铁刷、鼓风机等。

6.3.2 操作方法

水泥混凝土跑道道面病害多发于飞机接地地带。此段道面长期承受飞机落地巨大冲击力和反复荷载,道面结构刚性损伤,表现为断板、裂缝、掉边掉角、坑洞、错台、沉降等。这些道面病害对飞机的运行产生极大的安全隐患,作为机场管理机构,需要在最短时间内对这些病害进行处理,降低风险。道面抢修车针对断板、裂缝、掉边掉角和坑洞病害进行设备配置,将不同厚度的病害道面进行破除后重新填补,恢复道面结构和功能,延长道面使用寿命。使用水泥混凝土道面抢修车进行抢修的步骤为:

① 首先确定修补板块的破损部位和形状,一般在破损部位的边缘向外拓展 10 m,用墨斗弹线确定修补板块的大小。同时,所确定的修补部位平面几何形状不出现锐角。

② 用抢修车车载切割机沿弹线部位进行切割,要求纵向顺直,按需求控制深度,切割时注意不要伤及相邻板块。

③ 用抢修车车载电镐对水泥混凝土道面破损处进行破碎凿除,然后及时清理基坑内破碎的混凝土渣块,将施工垃圾装车运至指定地点倾倒。

④ 机械破碎完成后,再用手锤、铁錾清理边角和基底松动混凝土块,并将基坑四周立壁打毛处理,用钢丝刷将基槽四周立壁清理干净。

⑤ 用鼓风机对基底进行吹扫,将基坑内的混凝土残渣颗粒、灰浆等杂物吹扫干净。

⑥ 在合适的位置布置钢筋传力杆,将搅拌好的快速修补料填灌至坑内,并进行振捣然后做面清理现场,最后预留板面伸缩缝。

第7章 港口码头抢修抢建高级装备

7.1 港口码头抢修抢建技术

港口作为物资和信息交换的重要载体,在我国社会经济发展中起着举足轻重的作用。随着港口功能的不断拓展,港口水运工程建设规模不断扩大,进驻港口的企业不断增加,进出港口水域的船舶逐年增加,加之近年来自然灾害(地震、台风等)和生产安全事故时有发生,对港口的正常运行与发展造成严重威胁。港口的损坏主要有码头水工结构损坏(码头、防波堤、造修船水工结构物、导航设施、护岸建筑物等)、道路堆场铺面破坏、装卸靠泊机械损坏等。

7.1.1 应急清障技术

当码头前沿泊位或航道出现沉船等障碍而影响汽渡船靠泊时,可采用工程船起吊障碍物、拖船将障碍物拖离码头前沿泊位或二者相结合的快速清障方案。码头前沿障碍物的应急清障,首选方案是用拖船将障碍物拖离码头前沿、满足渡船的靠泊要求。也可用工程船将障碍物品吊离河底,并可采取边吊边拖的措施,设法将障碍物拖离码头。如果当地无起吊船,可应急征集几台汽车吊备用,由汽车吊在渡船上实施起吊作业。当一岸的码头全部受阻,渡船无法靠岸,吊车无法上船时,可由另一吊车上渡船后航运到受损码头附近实施起吊作业。

7.1.2 港口码头抢修

地震、台风、爆炸、战争等发生后,会导致重力式码头整体滑动,下沉,倾斜,填筑土体下陷等,造成码头出现坑槽、局部坍塌、垮塌中断等损坏,使码头丧失功能。

对重力式码头快速修复,首先要判定毁伤程度,排除险情后,采取人工与机械相结合的方式对坍塌处松散物进行清理、夯实,并对周边混凝土进行处理;然后抛填大粒径块片石,分层碾压夯实,具体作业时可视坍塌尺寸大小,使用挖掘机、自卸车、推土机或装载机等相互配合进行推填;最后进行混凝土浇筑和铺装封顶。

1. 混凝土裂缝修复

混凝土裂缝修复方法主要有砂浆修复法、表面封闭法、压力灌浆法。

砂浆修复法是采用聚合物水泥砂浆对混凝土进行补强修复的一种方法,其与混凝土相容性好,修补较为稳妥,且经济可靠;表面封闭法经济、简单,为提高封闭的密度和耐水性,采用环氧树脂结构胶是较好的选择;压力灌浆法是将化学灌浆材料通过压力灌浆设备注入裂缝深处,以恢复结构整体性、防水性及耐久性。

2. 梁板补强加固

(1) 传统结构加固法:通常是指拆除码头原有不符合较大承载要求的陈旧的上部结构,利用原有桩基或者适当补桩加固,并先浇筑上部混凝土结构。采用现浇横梁、预制纵梁和面板,通过现浇面层形成整体。

(2) 增大截面加固法:通过增大原梁的截面面积,即在梁受拉区增厚混凝土并增设钢筋来提高梁的承载力。

(3) 结构粘钢技术:用特制的结构胶黏剂,将钢板粘贴在钢筋混凝土结构的表面,使钢板与混凝土构件共同工作,达到加固及增强原结构强度和刚度的目的。

(4) 碳纤维(CFRP)加固混凝土技术:CFRP 加固技术材料有两种,即碳纤维和基体用树脂。它是利用树脂类黏结材料将碳纤维布贴贴于混凝土构件的表面,利用碳纤维材料良好的抗拉性能达到增强构件承载能力的目的。

3. 基桩加固

(1) 补桩:原桩不利用,在该损坏桩周围对称布置两根桩,共同承担上部结构荷载,有时也可以采用"缺一补一"的方式。补桩后,一般应现浇扩大桩帽或横梁,使得补桩、原横梁或原柱帽等连成一个整体。

(2) 接桩:接桩是对桩顶附近缺陷的修复加固。凿除桩顶及对应横梁等底部混凝土,采用加大桩帽或局部加大桩帽的方式对其进行加固处理。

(3) 修桩(混凝土桩):对于桩基产生裂缝的情况,可以酌情采取外包碳纤维布的方法。桩身补强后,恢复桩的承载力和稳定性,同时增强对水流冲刷、侵蚀的抵抗能力。

(4) 钢管桩修复

钢管桩修复包括以下几种情况:

① 原包覆层脱落或损坏引起钢管桩锈蚀,可采用玻璃钢进行修复。

② 对于阳极块脱落的情况应及时更换,阴极保护应按实际情况进行修复。

③ 对于受腐面积大(坑点多),壁厚损失率达30%以上,且有小面积穿孔的钢管桩,可采用碳纤维布进行加固。

④ 钢管桩水下破裂时,可通过浇筑桩芯混凝土进行加固。

⑤ 钢管桩断裂时,应视断裂位置,采取补焊、补桩等方法。

7.1.3 临时码头抢建

当某一段江河上的所有大桥和码头均遭受破坏而不能通行,或从公路绕行距离较远,应急情况下应及时开设临时对渡点。可临时改造斜坡码头和就近利用多个港口码头实施轮渡。

临时改造斜坡码头前提是岸坡要具有较好的斜坡度,在此基础上可有两种改造方案:①可快速修筑水泥混凝土斜坡码头;②可利用路面器材,铺筑临时斜坡码头。前者可就地取材,但时间较慢;后者铺筑速度快,但需要预先储备相关材料。

1. 快速修筑水泥混凝土斜坡码头

可动用推土机、压路机等工程机械对适宜的对渡点的斜坡进行快速改造,建成临时渡运用的 10 m×50 m×0.5 m 的水泥混凝土斜坡码头。此项工程约需250人1天时间改造完毕,推土机、压路机各1台;混凝土搅拌机2台;其他混凝土施工配套设备若干。

2. 利用制式器材铺筑斜坡道

应用该方案时最好能先采用推土机、压路机对场地进行削坡平整和适当碾压,然后将制式器材进行铺设和固定。在水中部分可采用制式岸滩器材,该器材为模块化设计,一个模块主尺度为 5.4 m×2 m×0.2 m,使用时可根据面积大小进行拼组,其主要功能之一是在充水状态下可紧贴岸滩(也可用配套器材再加以固定),具有一定的厚度和强度,可满足船舶直接靠泊的需要。

在陆上部分可采用路面器材。该器材构筑的路面是一种岸滩路面,适用于软土深 0.5 m 以内、地基承载力不小于 70 kPa 的松软泥泞地。器材由作业装置、路面板及附属设备等组成,可机械化地连续快速铺设、撤收,并可反复使用。路面采用高强低合金结构钢为整体式结构,承载力大,通行性能好。每辆车携带的器材能铺设长 16 m、宽 3.5 m 的路面;保障各种车辆装备通过岸滩、沙地等松软地带。搭建临时斜坡码头所需的工程机械包括吊车和运输车,采用此种方案的整个临时斜坡码头的搭建只需要 1.5~2 h 就可完成。

3. 利用现有港口码头改建

在大型江河沿线通常布置有多个民用码头,应急保障时对其中具有滚装条件的,可将运输车辆和装备直接滚装运输渡过江河;对不具备滚装条件的,可利用码头自有的大型吊装设备将装备和车辆直接吊装到运输船上,渡过江河后通过起吊方式卸载上陆。

4. 搭设浮码头

浮码头是一种能够跟随水位涨落而升降的码头,它主要由趸船、支撑设施、引桥和护岸等组成。浮码头通常用于水位涨落较大的地方,由于其对水位变化和岸边土质的适应性很强,且便于搭设和撤除,故应急时可作为临时码头,用来承担客、货船的运输保障任务。

7.2 全地形履带式运输车

全地形履带式运输车(简称全地形车)是一种适应于全路面和各种恶劣环境的高机动、高效益多用途工程车。可根据需要进行人员输送、后勤物资、食品及医疗设施供给等等。该车集机、电、液技术于一体,在接地比压、转弯半径和纵向通过半径等方面显著优于通用车辆,可在高速行驶中经过各种复杂、恶劣的地形,可在野外进行车辆、人员救援,物资吊装,野外维修等作业,特别适合在高寒山地、热带丛林、沙漠戈壁、沼泽滩涂和土岭障碍等各类复杂地形环境中执行抢险救灾和保障任务。

该车整车的性能参数及特性如下:

① 越野行走速度不低于 25 km/h;

② 公路行走速度最高能达到 60 km/h;

③ 无预备情况下涉水深度高达 1.1 m；

④ 跨越沟渠宽度为 1.5 m；

⑤ 翻越障碍物垂直高度为 0.6 m，最大爬坡能力为 60%，侧面爬坡能力为 30%；

⑥ 只需作适当准备就能够浮渡。

7.2.1 技术参数

詹阳动力生产的全地形履带式运输车的技术参数如表 7.1 所示。

表 7.1 詹阳动力生产的全地形履带式运输车的主要技术参数

项目	单位	技术参数
准载人数	人	4(前车厢)＋8(后车厢)
长度	m	8.6
宽度	m	2.3
高度	m	2.6
前车体长度	m	4.2
后车体长度	m	3.6
离地间隙	m	0.35
接近角	°	40
履带宽度	m	0.6
轨距	mm	1 630
有效载荷	kg	900(前车)/3 400(后车)
满载质量	kg	13 800
接地压力	kPa	21
最大牵引力	kN	70
续航能力	km	500
公路行驶最高速度	km/h	60
越野行驶最高速度	km/h	25
油耗	L/km	0.9
水中行进最高速度	km/h	5

(续表)

项目	单位	技术参数
爬坡能力		60%
侧坡能力		30%
翻越垂直障碍	m	0.6
跨越沟渠跨度	m	1.5
转弯半径	m	8.0
副燃油箱（前车厢）	L	50
燃油主车厢（后车厢）	L	460
液压油箱	L	120

7.2.2 结构组成

（一）整机构件

全地形车采用双车体铰接式结构,如图 7.1 所示。整车采用液压驱动,铰接转向;行走系统采用四轮一带,其中橡胶履带在水中可作为划水装置。

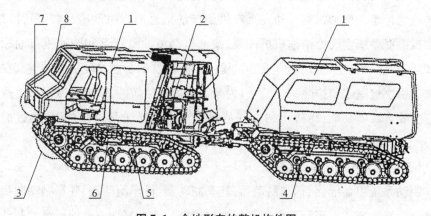

图 7.1 全地形车的整机构件图

1. 车身 2. 动力系统 3. 制动系统 4. 底盘 5. 涉水系统 6. 液压系统 7. 电气系统 8. 保险杠

全地形车发动机舱位于前车厢的后部,动力系统即柴油发动机、柴油发动机润滑系统、冷却系统、燃油系统、进气系统和排气系统紧凑地安装在发动机舱内。主要由发动机舱体、罩板构成。全地形车后车身安装在由后车底盘和后车架构成的后车通用平台上,可根据不同的功能模块配备不同的后车厢,主要的功能模块有人员输送、后勤物资、食品及医疗设施供给等。

(二) 动力系统

全地形车的动力系统位于前车厢后面的发动机舱内,柴油发动机前端朝向后部。这样的分布使冷却系统、进气系统和排气系统能够与动力组件紧凑地安排在发动机舱内。排出的热气及发动机冷却液能经过最短的距离直接到达后部消音器和水箱,使热量被限制在前车厢后面的发动机舱内,从而最大限度地减小了乘坐人员可能因过热而引发的危险。发动机舱和前车厢为独立的两个机舱,同时将热量及噪音隔断,对乘坐人员起到保护作用,同时便于动力组件的维护保养。

全地形车由一个300HPCAT ACERTC7 涡轮增压柴油发动机提供动力。这种六缸、四冲程、直列式柴油机有内设的诊断系统,能监控柴油机运行时的性能及操作条件。电控模块(ECN)备有一个执行软件,通过该执行软件能确定发动机的功率、扭矩等数。柴油发动机安装于发动机舱内,只需打开发动机舱的侧门就可很方便地对发动机进行相关操作。

柴油发动机润滑系统对柴油机内的所有运动部件进行润滑,并将柴油机散发的热量带走。柴油机润滑油在重新供给柴油机之前由机油冷却器进行冷却。柴油机润滑系统主要由柴油机机油泵、柴油机润滑油滤清器和柴油机机油标尺组成。进气系统位于全地形车发动机舱内。空滤器的功能是使引入的空气在进入柴油机燃烧室之前排除灰尘杂质,为柴油机提供洁净的、干燥的冷空气。排气系统主要有两项功能:将排出的废气从涡轮增压机输送到机体外部;通过消音器,减小废气从柴油机排到外界时产生的噪音。

(三) 制动系统

制动系统由蓄能器、行车制动器、驻车制动器、行车制动阀、驻车制动阀和液压制动管路构成。行车制动器和驻车制动器都是钳式制动。全地形车的制动均为弹性应用以及液压解除。

制动时液压动力油由储能器提供,制动系统共有三个储能器,位于前车厢下面。行车制动器和驻车制动器均位于前后车底盘前端。行车制动阀位于全车身脚踏板下面,驻车制动阀位于前车身驻车制动手柄下面,行车制动阀和驻车制动阀均安装在前车厢前面的控制台内。液压制动管路是用于实现行车制动和驻车制动功能的液压回路,为整个系统提供液压能。

(四) 行走系统

行走系统主要由一对履带梁(纵梁)、横梁、履带、橡胶扭力轴套、减振器、驱动轮、支重轮及托链轮等组成,如图7.2所示。两侧履带梁通过螺栓与横梁固定,形成一个稳定的底盘结构。

该行走系统中的橡胶扭力轴套具有优良的阻力减振特性,使得该行走系统对复杂地形具有非常强的适应能力,能够适应变化的行驶工况和任意道路激励,缓和由不平路面传给车身的冲击载荷并衰减由此引起的承载系统的振动,保证整车平顺行驶。

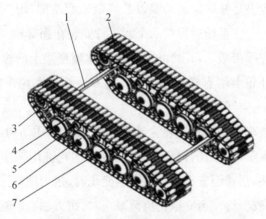

图7.2 全地形车的行走系统

1. 横梁 2. 履带 3. 驱动轮 4. 减振器 5. 橡胶扭力轴套 6. 支重轮 7. 纵梁

底盘行走系统由履带及悬挂系统、两个履带梁组成,履带梁由前后支架进行连接。每个履带架有六对轮子,每对轮子都有一个橡胶轴套用作悬挂,该系统使用的是整体橡胶履带,两个托链轮支撑住履带的上部,后轮带张紧装置能向前摆动便于快速拆换履带。底盘行走系统为独立的部分,用四个螺栓通过横梁螺栓式连接在车架上。履带与悬挂系统安装在履带架上,轮边减速器安装在履带架上,使车辆能够通过松软地面、内陆水域及地面障碍物。

履带为整体式合成加强橡胶带,传送轮齿和导向槽在履带内侧成模。履带外侧边缘有两排导向槽,而且在导向槽之间有两排传送轮齿。履带传送带由织物加强件沿履带纵向黏接而成,履带外侧设计为螺纹型,便于向前和侧向行走。橡胶履带的使用减小了传送到车体以及人员身体的高频振动,增加乘坐人员的舒适度。鱼鳞状设计使得在下水操作时优化推进力。履盖外侧宽为 2 230 mm，两条履带之间的内侧宽度为 1 030 mm。

驱动轮使用 UNMF-PE 成型，带有金属插件用于安装。驱动轮上的 12 个齿将动力通过传送相从轮边减速器传送到履带。导向轮用螺栓安装在履带架前部的终端传动两侧的输出轴法兰上。

拐臂为整体式锻造件，一端是花键轴连接扭力衬套，另一端安装支重轮的轴。拐臂的内侧和外侧是用螺栓和自锁紧螺母固定在扭力轴套上。每个轮位的安装角度不同，以优化悬挂功能并获取理想的离地间隙。每侧有 5 个拐臂，除了 1 位和 2 位的拐臂有减震装置以外，其余的拐臂完全相同。

支重轮用于提供足够的地面间隙以及降低地面摩擦，用一个锁紧螺母和锁紧盘固定在拐臂上。支重轮运行在两个背靠背安装在拐臂轴上的锥形滚动轴承上。托链轮安装在履带架上，其功能主要是支撑履带梁上的橡胶履带。托链轮为铝制主体且在外轮上附有橡胶。托链轮是在一个轴和两个深沟滚珠轴承上运行。

扭力轴套是该车基本的悬挂装置，轴套内外圈为钢质结构，安装扭力轴套时用压力机强行压入履带梁上的钢套内，扭力轴套的花键用来连接拐臂。拐臂紧靠着扭力轴套安装，拐臂因支重轮负荷发生变化时，扭力轴套受力使内套相对外套转动，从而使橡胶变形。当支重轮负荷减小时，扭力轴套恢复到初始位置。

减震系统的功能就是在不平稳的地面提供平稳的行走。减震系统由两个线性减震器组成，这两个线性减震器安装在各个履带架的第一轮位。减震器的最大工作温度为 180℃。

涉水系统使该机器能实现水陆两用的操作。涉水时，橡胶履带能在水中推进本车。涉水行驶时，橡胶履带为划水装置。涉水系统所需设备有：前挡泥板——装在前车链轮前面；后挡泥板——装在后车的尾部；排水泵——共六个，前车四个，后车两个。

（五）液压系统

液压系统是全地形车最主要的运作系统之一，为全地形车的整车液压控制提供能量，实现行走、转向、俯仰、前车厢举升等功能。液压系统采用闭式回路，主要由 2 个驱动泵、4 个液压马达及操控阀等组成。液压驱动系统采用了目前国际上比较先进的液压马达同步控制技术，即前泵驱动前车体的 2 个马达，后泵驱动后车体的2个马达。其具有能量损失小,传递动力大的特点。

(六) 铰接转向系统

铰接系统主要由5个关键机械部件和3个液压部件组成,其中机械部件为旋转支撑座、前连接座、后连接座、旋转翼和连接支座,液压部件为前俯仰液压缸、后俯仰液压缸和转向液压缸,如图7.3所示。铰接系统的主要作用是:实现转向;在越野路面行驶时,铰接系统的俯仰功能可实现前后车体的各自俯仰;在行驶过程中连接前后车体;依靠俯仰功能及其减振能力使车辆在涉水时保持平稳,使整车形成刚性连接。

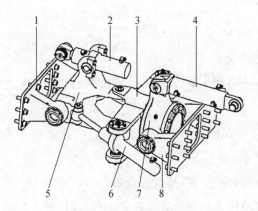

图7.3　全地形车铰接系统
1.前连接座　2.前俯仰液压缸　3.旋转翼　4.后俯仰液压缸
5.连接支座　6.转向液压缸　7.旋转支撑座　8.后连接座

铰接转向系统位于前车与后车的中间,由液压控制。铰接转向系统连接前后车,使车体能够浮动、俯仰和滚动运行,是由一系列油缸提供能量使前后车厢能够相互灵活行驶。前后车厢本身不具备转向能力,转向的控制操作是由左右两个油缸相互配合进行,车体的最大转向角度可达48°。俯仰的控制操作同样是由前后两个油缸相互配合进行,且俯仰油缸是液压阻尼冲撞器,允许全地形车在崎岖的路面向上和向下行驶,最大向上和向下角度分别可达17°、25°。这样,全地形车能够以最大的牵引力和最低的变形来穿越各种不同地形的路面。

铰接转向系统主要包括左右转向油缸、上下俯仰油缸、俯仰阀和铰接器。

(1) 左右转向油缸

全地形车的左右转向,是由一组左右转向油缸来控制的,前车厢本身不具备转向的能力。

(2) 上下俯仰油缸

全地形车的上下俯仰,是由一组上下俯仰油缸来控制的,俯仰油缸起到液压阻尼冲撞器作用。

(3) 俯仰阀

全地形车俯仰阀位于发动机舱内,左右转向油缸和上下俯仰油缸都是由俯仰侧控制。

7.2.3 操作方法

(一) 启动和起步行驶

1. 启动发动机步骤

(1) 确认该全地形车环境允许启动,在准备启动发动机之前,要给周围的人足够的警告。

(2) 驾驶员进入驾驶舱后,检查、调整左右后视镜到合适位置,确定换挡开关处于空挡位置。

(3) 调整座椅到合适位置,系好安全带。

(4) 检查所有操作手柄是否处于正常工作位置,停车制动杆是否拉起。

(5) 插入启动钥匙,打开电源开关,将钥匙开关旋到"通电位置",此时全地形车电源接通。

(6) 观察仪表,检查所有指示灯是否正常,确认监测参数正常(无报警)。

(7) 将钥匙开关旋到"启动"位置,发动机启动,然后松开启动钥匙,使其自回位,开关转回"电"位置。

2. 起步行驶步骤

(1) 开机后发动机转速预热运行,观察仪表盘与所有信号灯是否正常。

(2) 发动机预热约 5 min 后,确认所有系统正常,然后挂入前进或倒退挡。

(3) 确认全地形车前后没有人和障碍物,松开驻车制动器,缓慢踩下油门踏板,驱动全地形车平稳起步。

3. 停车与制动步骤

(1) 将全地形车驾驶到水平且坚实路面,放置在合适的位置,平稳渐进的力量踩下制动踏板。

(2)将换挡开关行放置到空挡位置。

(3)拉好驻车制动器,然后把脚放离制动踏板。

(4)松开油门踏板,并让其在发动机最小转速下运行约 5 min。

(5)将钥匙开关从"通电位置"旋到"停机位置";发动机电源断开,发动机停止运转,拔下启动钥匙。

4. 全地形车翻转前车身操作步骤

前车厢可以根据需要而升起,由于液压主泵和液压油箱等主要部件安装在底舱内,故在进行查看或维修时,必须把前车身翻起后固定,才能进行相应工作。

(二)涉水操作

1. 涉水前的预测步骤

全地形车在涉水前如果在情况允许之下,必须做涉水前的预测。

(1)驾驶全地形车到涉水池的边缘。

(2)将救援钢索的一端套置在全地形车上。

(3)钢索的长度应足够使全地形车进入水中:

(4)在全地形车还没入水之前,必须启动排水泵。

(5)以缓慢速度将全地形履带式行驶到水中。

(6)当前车厢完全进入水中时,应立即停止行驶。

(7)检查车厢前面和底部的进水状况。

(8)检查车门的进水状况。

(9)在没有发生浸水的状况下,才把整车完全驶入水中。

(10)如果没有发生渗入,把救援钢索从全地形车上解除。

(11)驾驶全地形车完全浸入水里。

(12)检查水位线和俯仰控制系统。

(13)检查进水渗入率:

① 将前进后退控制钮置于空挡;

② 关闭排水泵;

③ 关闭发动机和电源总开关;

④ 观察渗入状况;

⑤ 使全地形车浮在水面 10 min,10 min 后将全地形车驶出水域。

(14)把全地形车停放好后,旋开螺塞让车内的水都泄漏出来。

(15) 测量泄漏水的分量。

2. 入水操作

(1) 涉水行驶前的检查(请按涉水行驶前操作的检查步骤检查)：

① 电池充电；

② 确保所有的门窗、栓塞和盖板都紧锁到位,固定可靠。

(2) 驾驶全地形车至岸边。

(3) 将前后车的排水泵都启动。

(4) 按下前进钮。

(5) 以缓慢的速度将全地形车驶入水中。

(6) 当全地形车完全驶入水中,马上停止前进,进行以下工作：

① 把前进后退钮按回静动位置(空挡)；

② 检查水平面在水位线的位置；

③ 遵照指挥员的指示,驾驶操作俯仰系统。

3. 水位线检查

当整车浸在水中时,指挥员与机舱人员必须时刻确保车浸在水面上的水位线保持在操作警戒线以下。当水面超过操作警戒线时,指挥员必须指导驾驶员操作俯仰系统来平衡水位线。当水位线在撤离线上,指挥员必须命令所有机舱人员撤离全地形车。

4. 水中行驶

(1) 当全地形车完全进入水中后,将速度增加到适当车速。

(2) 间断性地检查前后车厢的渗水情况。

(3) 间断性地观察发动机的温度和其他参数的警告信号灯。

(4) 认清方向,让车保持向着目的地的方向行驶,当车偏离路线的时候,必须转动驾驶盘以不超过一周的转角向反方向调整行驶方向。

(5) 如有突变情况指挥员必须提前警示驾驶员。

(6) 如果驾驶盘需要转动 2 周,驾驶员必须减小车速到 10 km/h 以下。

(7) 水中停止的步骤为:逐渐松离油门踏板,将行驶按钮置于空挡。

(8) 水中前进时,将全地形车处于适当速度,将油门渐进增强至使 JM8 全地形履带式车向前行驶。

(9) 水中后退时,逐渐放慢速度到离开油门踏板,将行驶按钮置于空挡,将行驶按钮置于倒退挡,然后踏油门踏板,逐渐以缓慢的速度向后退。

(10) 在紧急刹车时驾驶员必须放开油门踏板,脚离开后同时把行驶按钮置于空挡。

(11) 在浅水中行驶应小心,因为当履带一旦接触到地面,可使全地形车突然加速行驶,如果发生这种现象必须立即放缓速度,以缓慢的速度在浅水中行驶。

5. 驶出水面

(1) 驶出水域上岸时,必须将整车调整成直线形,从远处向岸边以缓慢速度垂直水岸行驶上岸。

(2) 以小于 5 km/h 的速度缓慢驶出水面。当前车触到地面时立即关闭仰俯系统。

(3) 当履带可以完全触到地面时,整车就能离开水面。

(4) 驾驶员必须确定已经没有水从出口泄出后才可关闭排水泵。

7.2.4 维护保养

全地形车的故障说明如表 7.2 所示。

表 7.2 全地形车故障灯说明表

报警项目	故障说明
发动机报警器	发动机工作异常或发生故障时,灯亮报警
行车制动器	行车制动器工作发生异常时,灯亮报警
等待启动	发动预热等待启动时工作异常或发生故障时,灯亮报警
液压系统报警	液压系统工作异常或发生故障时,灯亮报警
变速系统报警	行车时变速系统工作异常或发生故障时,灯亮报警
到油箱油位传感器	检测到油箱的油位,油位低时,灯亮报警
水位传感器	检测水箱的水位,水位低时,灯亮报警
排水泵	涉水时,排水泵工作异常或发生故障时,灯亮报警
主燃油箱油位传感器	检测主燃油箱油位,油位低时,灯亮报警
大灯	大灯工作异常或发生故障时,灯亮报警
驻车制动	驻车制动器发生故障时,灯亮报警
直流发电机	直流发电机工作异常或发生故障时,灯亮报警

7.3 水陆两栖全地形车

加拿大 ODG 公司生产的阿尔戈(Argo)全地形车在欧美久负盛名,是一款拥有超强越野能力的极端路面车型。阿尔戈有着 50 年的悠久历史和品牌内涵,具备全球领先的技术。ODG 公司和美国 NASA 合作,制造了登月探测车。

Argo 全地形车的 8×8 驱动和坚固又轻型的机构产生较低的地面压力,可牵引穿过各种类型的松软和恶劣路面,包括淤泥、湿地、沼泽和积雪。装配橡胶履带附加组件,Argo 可较轻地行走。整套防撞击滑板和较高的离地间隙,可防止 Argo 车身在障碍地形上触底或熄火。

阿尔戈 Conquest XT 系列水陆两栖全地形车,对于一个需要耐用的、强大的、可靠的现场转运设备的用户来说,全地形越野车辆是最好的选择。XT 车型具备有效载荷大、乘坐舒适等特点。装上履带,这些车辆成为在执行消防、救援、反恐、缉毒任务时走"不寻常路"的车辆。

Argo Conquest XT 系列水陆两栖全地形车使用底置凸轮轴 V-Twin 液冷型 748 cc,30 马力(22.1 kW)Kohler LH775 电子燃油喷射式发动机(XTI),或直列 3 缸液冷型 1 028 cc,24 马力(17.6 kW)Kohler Lombardini 自然吸气柴油发动机(XTD),汽油发动机提供 30 马力的 64.6 Nm 的扭矩,柴油发动机提供 24 马力的动力和 50 Nm 的扭矩传输给 Admiral 变速箱。

Argo 8×8 Conquest XTD 和 XTI 型号都是水陆两用全路面多用途运载车辆,两款型号都安装了可靠耐用的 Kohler 发动机,三重微分 Admiral 变速箱,主

图 7.4 Argo 全地形车外形图

底盘设计使用经认证的技术,可实现更大的有效载重和更长的耐用年限。不同的应用之间可通过在特定区域安装通用结构实现快速和便捷的转换。车身板件和屏幕方便拆卸,维修服务更加便捷。

7.3.1 技术参数

表 7.3 Conquest XT 系列水陆两栖全地形车的主要技术参数

型号	XTI	XTD
马力排放/运行时间	30/748cc/8～10 h	24/1 028cc/8～10 h
冷却/启动/制动	液/电动/液压驱动碟刹	
负载能力　陆地	1 500 磅(680 kg)	1 340 磅(608 kg)
负载能力　水上	1 000 磅(454 kg)	840 磅(381 kg)
牵引能力	2 000 磅(907 kg)	
载客人数	陆地 24 人,水上 2 人	
速度　陆地	17 mpt(27 km/h)	
速度　水上	3 mpt(5 km/h)	
车轴	15″(381 mm)直径的轴载于充油铝轴套中	
地面压力	轮胎 2.8 psi(20.52 kPa) 15″(381 mm)履带 1.91 psi(13.02 kPa) 18″(457 mm)履带 1.06 psi(7.23 kPa)	
离地间隙	9″(230 mm)	
运输质量	1 600 磅(726 kg)	1 750 磅(794 kg)
运输尺寸	2 896 mm×1 651 mm×1 245 mm	
操作条件	全天候,全路面,−40 ℃～40 ℃	

7.3.2 产品特性

阿尔戈全地形车分为柴油和汽油 2 种车型,是一款既可以在陆地上奔跑和越野,又可以开到水里当船使用的真正全地形车。阿尔戈全地形车采用了密封的车体,能够充分防止水、泥、碎片等进入驱动系统、发动机和散热器,充分保护车辆安全。全地形车在水中或沼泽中,即使下沉到手把的位置,也能做到骑乘人员,甚至鞋子均保持干燥和整洁;另外,车子内部的机油、齿轮油等油污也不会外漏,保护环境不被污染。

阿尔戈全地形车独有的 Admiral 三重微分传动装置，具有强大的承载能力，载货的甲板和可替换属具均可以自由搭配，还可以附加拖车，提高有效载荷，可额外增加 635 kg 的负重，Centaur 车型可以达到 907 kg 的负重。因此，一辆阿尔戈全地形车可以运载多位乘客、设备、工具和物资。

阿尔戈全地形车最开始的设计就是要能轻松越过障碍，特别是 8 轮驱动车型，整合防撞击滑板，凭借完全 90°接近角和 90°离去角设计，超高的离地间隙，加上宽大的车轮，可以轻松翻越 50 cm 巨大圆木，防止车辆倾翻或悬吊在障碍物上下不来，完胜于滑移转向多轮车辆的离地间隙，类似 4 轮阿克曼梯形转向车辆。

阿尔戈全地形车因为较低的车身设计，整个车辆的中心下沉，加上强大的承载能力，就是满载，也能保证车辆质心的稳重，即使遇到破路、陡坡，车辆的质心仍然不会偏差过多。

阿尔戈全地形车的微弱地面压力为 7.3 Pa，即使车辆进入松软的沙土地或盐碱地路面，均能够保证车辆不被陷住。如果加装配备特有的橡胶履带系统，阿尔戈全地形车胎面痕迹可较轻松运行在极端路面。

阿尔戈全地形车把军事科技运用到民用车型上，采用了 8×8 牵引驱动系统，也就是说只要 1 个轮子着路面，就可以推动车辆不断前行。8×8 车的机动性再配上特有的橡胶履带、坚固又轻型的结构，使阿尔戈全地形车牵引力发较好，如那就更好。

可以在阿尔戈车型上配备 Ranger 305G 发动机驱动焊机，SAE300HEEPA 国Ⅳ发动机驱动焊机；配备 PACP13、16 in 横截锯、竖杆机、断路器、空气压缩机、电池启器、充电机、焊机和液压件等多种专业工具。

该款全地形车适应于港口码头等湿软地面的人员救援和道路重建。

第8章 其他应急抢险高级装备

除了前面所述的用于道路、桥梁、隧道、机场和港口码头的应急抢险装备外,还有一些新研发的高级装备适用于多种抢修场合,在各种抢险救援现场发挥着重要作用。

轻型和重型道路清障车是针对不同的阻塞路况研制的集成托举、起吊、牵拉、拖牵、推铲和破拆等作业操作的综合救援设备。救援工程机器人能在坍塌废墟中实现剪切、破碎、切割、扩张、抓取等多项作业,实施快速救援。二氧化碳致裂装备和高压水射流清障装备是在救援场合进行破拆和切割的新型设备,它们不仅作业效率高,而且更能保证受伤和救援人员的安全,避免在救灾过程中发生的二次伤害。

8.1 轻型道路清障车

轻型道路清障车是一种针对狭窄及拥堵道路环境下实施交通事故救援而研发形成的智能化程度高、机动性强的轻型道路综合救援装备(图8.1)。

常奇牌轻型道路清障车是一种以皮卡为底盘,加装清障车所需配套装置,能完成对违章及故障车的清除的专用车。该车的体积小,适用于车库中的清障工作。该车配有多种工具,能完成汽车的较多服务,是一款性价比较高的多功能的轻型车。

该款轻型道路清障车有如下技术优势:

(1) 采用了牵拉、起吊、正向及侧方位拖牵一体化紧凑型模块的设计技术以及辅助型功能模块集成优化技术;

(2) 面向安全、高效事故救援的轻型底盘系统一体化,集成匹配及车体结构优化技术;

(3) 基于机器视觉的正向及侧方位拖牵智能诱导技术,实现正向及侧方位快速、高效拖牵；

（4）拖牵运输过程关键作业位置、装备本体及被拖车辆的全局一体化安全监控技术。

图 8.1　轻型道路清障车实物图

如图 8.2 所示，该款轻型道路清障车可以完成爬坡（左上）、托举（右上）、起吊（左下）、拖牵（右下）、牵拉、撑胀破拆等道路救援常规作业项目，还能同时进行智能化托牵控制以及安全监控等辅助作业项目。

图 8.2　轻型道路清障车的作业示范

8.1.1 技术参数

表 8.1 轻型道路清障车的技术参数

项目	单位	技术参数
型号		ZQS5040TQZB5
驱动形式		4×4
最大总质量	kg	4 495
整备质量	kg	2 900
外形尺寸:长×宽×高	mm	5 180×1 900×1 900
轴距	mm	3 105
轮距前/后	mm	1 600/1 580
最小离地间隙	mm	200
最小转弯直径	m	13.5
最高车速	km/h	150
发动机型号		ISF2.8
额定功率	kW/(r·min^{-1})	130/3400
排放标准		GB18352.3—2005 国 V
燃料种类		柴油
最大托举质量	kg	1 500
托臂最大有效长度	mm	1 650
最高牵引车速	km/h	30
动力单元电机电压	V	12
液压油泵额定压力	MPa	16
绞盘绞绳速度	m/min	1.8~3.9
绞盘最大牵引质量	kg	2 722

8.1.2 结构组成

图 8.3 是 ZQS5040TQZB5 型轻型道路清障车的组成结构图,该车的机械部分主要包括底盘、龙门架、备胎和伸缩机构几大部分,而伸缩机构由绞盘、变幅臂、变幅缸、折臂缸、折臂、托臂伸缩臂、伸缩臂、摆臂、自动夹油缸和自动夹组成。

该款车的电气结构主要包括液压传动系统和牵引系统,同时还配备多种辅助装备,如破拆器械和灭火器材等。

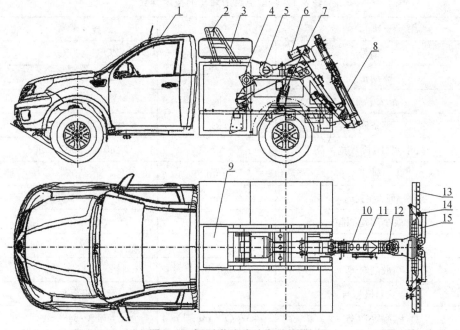

图 8.3 轻型道路清障车结构图

1. 车身 2. 龙门架 3. 备胎 4. 绞盘 5. 辅助轮 6. 变幅臂 7. 变幅缸 8. 折臂缸 9. 动力单元 10. 折臂 11. 托臂伸缩臂 12. 伸缩臂 13. 摆臂 14. 自动夹油缸 15. 自动夹

8.1.3 工作原理

（一）液压传动系统

（1）打开液压油泵站电源开关,操作遥控器按钮,电机工作带动油泵旋转,产生的高压油流入多路换向阀。多路换向阀由变幅缸（起、落）控制阀、折臂缸（收、放）控制阀、伸缩缸（伸、缩）控制阀、自动缸（收、放）以及溢流阀等并联组成。溢流阀额定开启压力为 16 MPa,即当系统的油压高于 16 MPa 时,此溢流阀自动打开,高压油直接通过溢流阀流回液压油箱。

（2）按下遥控器上的"吊臂起"按钮,变幅缸活塞杆伸出,顶起吊臂,实现变幅,变幅缸举升到额定行程后,高压油通过溢流阀流回液压油箱。反之,按下遥控器上的"吊臂落"按钮,变幅缸活塞杆被压回,带动吊臂落下,到达初始位置后,高压油通过溢流阀流回液压油箱。如要使吊臂停留在任何一个位置,只要在变幅缸起或落到该位置时,松开遥控器上的按钮即可。

(3) 在变幅缸上安装有单向平衡阀,单向平衡阀是用来平衡油路内的压力的。即当托臂托举重物降落时,油缸回油腔有一定的压力平衡进油腔,使得油缸动作能较为平稳地完成;同时平衡阀还起到安全保护作用,当变幅缸在举升或降落时,遇到进油管或回油管破裂时,平衡阀能自动锁死,防止变幅臂受力时急速落下;当托臂在托举重物时,能防止吊臂自然下落。

(4) 按下遥控器上的"托臂放"按钮,折臂缸活塞杆被压回,带动折臂由竖直方向向水平方向转动,将折臂放下;反之,按下遥控器上的"托臂收"按钮,将折臂收起。

(5) 按下遥控器上的"托臂伸"按钮,伸缩缸活塞杆伸出,伸缩臂外伸,实现伸缩臂的"伸";反之,按下遥控器上的"托臂缩"按钮,伸缩缸活塞杆缩回,伸缩臂回缩,实现伸缩臂的"缩"。

(6) 在伸缩缸回路中装有液压锁,液压锁有保压的作用,在本回路中主要有锁定伸缩缸的作用,即伸缩缸在任意需要的行程中,可带载锁死伸缩臂的伸缩。

(7) 按下遥控器上的"自动收"按钮,自动缸活塞杆伸出,自动夹向内旋转,实现自动夹的"收";反之,按下遥控器上的"自动放"按钮,伸缩缸活塞杆缩回,自动夹向外旋转,实现自动夹的"放"。

(二) 牵引系统

牵引系统由蓄电池启动电机,带动绞盘。当遥控器上的开关拨向"OUT"的位置,可以自动放钢丝绳;当遥控器上的开关拨向"IN"的位置,此时收起钢丝绳或牵引车辆。

(三) 附件系统

(1) 后托架(L臂):托牵小车时使用轮胎托架,轮胎托架分为前托架和后托架。前托架套在摆臂两端,并用弹簧销固定;后托架插在前托架的方孔内,使方孔内的销子卡入后托架下方的小孔中,同时用紧固拉锁将轮胎锁牢。

(2) 移库器:在不方便使用后托架托举汽车时,使用移库器托起汽车的四个车轮,配合绞盘将其移出该区域。

(3) 破拆设备:主要包括液压剪断器、便携式液压多功能钳、液压救援顶杆和机动高压油泵等设备。

(4) 灭火器:3 kg 干粉灭火器,能尽快地控制一些小型火灾。

(5) 路锥:给事故场所外的车辆和人以醒目的标志。

(6) 遥控器:主要包括动力单元遥控器和绞盘遥控器两种。

8.1.4 操作方法

(一) 托牵小车的操作

(1) 将清障车开到合适位置,与被牵引车成一直线;

(2) 打开操作箱上的开关,插入托举机构动作的遥控器;

(3) 接合液压动力单元电源开关;

(4) 操作遥控器按钮"托臂放",将折臂放到最低位置;

(5) 操作遥控器按钮"吊臂落",将折臂放到与地面水平接触位置;

(6) 操作遥控器按钮"托臂伸",使伸缩臂伸到合适位置(与被托车轮胎接触);

(7) 操作遥控器按钮"自动放",夹紧轮胎;

(8) 用紧固拉锁,将轮胎固定在托架上;

(9) 解除被牵引车辆的手制动,变速杆置于空挡位置,如果被牵引车辆从后端被托起,则应将其方向盘固定,不能让它转向;

(10) 通过操作遥控器按钮"吊臂起",托起轮胎托架,使被牵引车辆轮胎离地面 300 mm 左右;

(11) 关掉液压动力单元电源开关,关闭遥控器开关,牵引行驶,速度不超过 40 km/h;

(12) 到达指定位置,放下被牵引车辆,各部件复位。

(二) 电动绞盘的操作

(1) 通过操作油路系统中的遥控器按钮"托臂放",将折臂放至最低位置,再操作遥控器按钮"吊臂落"或"吊臂起"来调整折臂的高度;

(2) 将绞盘遥控器的插头插入绞盘电控盒的插座内,打开盒子上的开关,操作开关,拨向"OUT",钢丝绳滑出;

(3) 用链条或紧固拉锁,将钢丝绳牢靠地固定在被牵引车辆最合适的位置(此位置应牢固结实,同时对其他部件不会产生损伤);

(4) 牵引时,尽量使钢丝绳保持在同一平面内,保护好被牵引车连接处的其他物件；

(5) 收缩钢丝绳,将被牵引的车辆拉到安全、合适的位置,解开被牵引车上的钢丝绳、链条或紧固拉锁；

(6) 将钢丝绳、变幅臂、折臂——复位；

(7) 关掉绞盘电源开关,拔出遥控器插线,放入驾驶室内。

(三) 移库器的操作

旋松油缸上的油塞,拉开拉杆,使得开挡能容纳汽车的轮胎,然后将其塞入汽车轮胎下方,旋紧油塞,松开踏板,脚踩或手压,使得轮胎脱离地面,插入保险销。

8.2 重型道路清障车

重型道路清障车是针对多种等级路面、灾害及破损路面条件下的重大交通事故救援而研发形成的智能化程度高、适应多种地形的重型道路综合救援装备(图8.4)。

该款清障车具有如下技术优势：

(1) 作业系统的功能模块采用组合匹配与集成优化技术,可以满足不同事故类型的抢通救援需求；

(2) 底盘系统集成布局优化技术,采用姿态自调节的专用底盘技术,可以适应多种路况条件下的道路救援需求；

图8.4 重型道路清障车实物图

(3) 采用实际救援作业过程中底盘系统与作业系统协同作业的一体化无线智能操控技术,以提升救援操作效率;

(4) 基于多传感器融合的装备现场施救安全监控技术及拖牵运输过程中被拖车辆关键盲区的安全监控技术,可以提升救援安全性。

该款重型道路清障车可以完成托举(图 8.5 左图)、起吊(图 8.5 右图)、牵拉、拖牵、推铲、撑涨破拆等多种适合道路救援的作业操作,同时可以完成升降照明和无线操控等辅助功能,同时可以对进入重型救援装备 50 m 监控预警范围的车辆、行人进行监控,实时输出车及行人距离,警报灯根据车辆、行人靠近距离发出警报。

图 8.5 重型道路清障车的托举和起吊作业

8.2.1 技术参数

表 8.2 重型道路清障车的技术参数

项目	单位	技术参数
型号		ZQS5317TQZZ5
底盘型号		ZZ1317V466HE1
驱动形式		8×4
最大总质量	kg	31 000
整备质量	kg	27 520
轴荷分配前/后	kg	6 500/7 000/18 500
外形尺寸:长×宽×高	mm	11 150×2 540×3 510
轴距	mm	1 950+4 600+1 400
后悬距	mm	1 700

(续表)

项目	单位	技术参数
轮距前/后	mm	2 022/2 041/1 850
最小离地间隙	mm	317
最小转弯直径	m	22.4
最高车速	km/h	97
制动距离 30 km/h	m	≤8.0
最大托举质量(托臂全缩回)	kg	20 000
托臂全伸出最大托举质量	kg	8 000
绞盘最大牵引质量	kg	15 000×2
额定起吊质量(吊臂全缩回)	kg	8 000×2
吊臂全伸出最大起吊质量	kg	6 000
额定托牵质量	kg	31 000
最高牵引车速	km/h	30

8.2.2 结构组成

重型道路清障车较轻型车结构更为复杂,主要包括除雪铲、底盘、随车吊、伸缩机构以及车身工具箱五大部分。伸缩机构又由吊臂、吊臂伸缩臂、摆臂、伸缩臂、折臂、竖臂和支腿几部分组成(图8.6)。

8.2.3 工作原理

(一) 液压传动系统

(1) 接合取力器,带动齿轮油泵旋转,产生的高压油流入多路换向阀。多路换向阀分吊臂部分和托臂部分两组。多路换向阀由横臂变幅缸(升、降)控制阀、竖臂变幅缸(推、收)控制阀、吊臂伸缩缸(伸、缩)控制阀、液压绞盘(收、放)控制阀(两路)、折臂缸(收、放)控制阀、双作用套筒式伸缩缸(伸、缩)控制阀,以及溢流阀等并联组成。溢流阀额定开启压力为 16 MPa,即当系统的油压高于 16 MPa 时,此溢流阀自动打开,高压油直接通过溢流阀及回油管流回液压油箱。两组换向阀的中间有手油门控制发动机转速,从而控制各个系统的动作快慢。两组换向阀的中间有两个液压绞盘快放装置的开关。

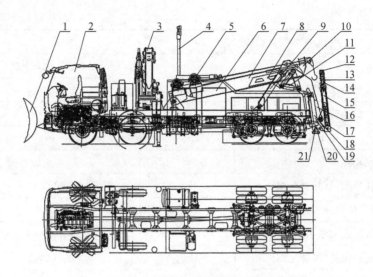

图 8.6 重型道路清障车结构图

1. 除雪铲　2. 底盘　3. 随车吊　4. 应急照明灯　5. 绞盘　6. 车身工具箱　7. 变幅臂　8. 吊臂伸缩缸
9. 变幅缸　10. 吊臂伸缩臂　11. 折叠变幅缸　12. 摆臂　13. 伸缩臂一　14. 伸缩臂二　15. 折臂
16. 竖臂　17. 伸缩臂油缸　18. 折臂缸　19. 支腿　20. 支腿油缸　21. 支腿撑脚

（2）将吊臂变幅缸控制阀操作手柄放到"起"的位置,变幅缸活塞杆伸出,顶起吊臂变幅臂,实现变幅,吊臂变幅缸举升到额定行程后,高压油通过溢流阀和回油管流回液压油箱。反之,当把吊臂变幅缸控制阀操作手柄放到"落"的位置,吊臂变幅缸活塞杆被压回,带动吊臂变幅臂落下,到达初始位置后,高压油通过溢流阀和回油管流回液压油箱。如要使吊臂变幅臂停留在任何一个位置,只要在吊臂变幅缸起或落到该位置时,松开吊臂变幅缸控制阀操作手柄即可。

（3）在两个吊臂变幅缸上各安装一个单向平衡阀,单向平衡阀用来调整两个缸之间的压力,以保持两个缸之间的压力平衡,同时单向平衡阀还起到保险作用,即当吊臂变幅缸在举升或降落时,遇到进油管或回油管破裂时,平衡阀能自动锁死,防止吊臂变幅臂受力时急速落下。

（4）吊臂伸缩缸的工作原理同吊臂变幅缸一样。

（5）将折臂缸控制阀操作手柄置于"放"的位置,折臂缸活塞杆被压回,带动折臂由竖直方向向水平方向转动,将折臂放下。反之,将折臂收起。

（6）折叠变幅缸的工作原理同吊臂变幅缸一样。

（7）双作用套筒式伸缩缸的工作原理同吊臂变幅缸一样。

(二) 附件系统

(1) 托牵小车或客车时使用轮胎托架。轮胎托架分为前托架、后托架、滑梁。前托架套在摆臂两端,并用弹簧销固定,滑梁插在前托架上,后托架插在滑梁上,前后距离通过多个圆孔调整,并用插销将前、后托架和滑梁固定好,同时用紧固拉锁将轮胎锁牢。

(2) 托叉主要用来托牵中吨位以上车辆,一般托在前簧前端或大梁上,使用时一定要用链条固定牢,专用托叉主要托在前簧的吊耳处,并用销子固定。

(3) 警灯和警报器的开关在驾驶室内,警灯架上及工具箱内的照明灯开关在左右工具箱内,清障车后尾部的两边照明灯开关在工具箱内。

(4) 附件使用完后应放回工具箱内的各固定位置,以方便下次使用。

8.2.4 操作方法

(一) 液压绞盘的操作

(1) 打开取力器气动开关按钮,此时取力器啮合,带动油泵工作;

(2) 将副驾一侧上装功能选择阀手柄拨至"清障车";

(3) 用链条或紧固拉锁将钢丝绳牢靠地固定在被牵引车辆最合适的位置(此位置应牢固结实,同时对其他部件不会产生损坏);

(4) 牵引时,尽量使钢丝绳保持在同一平面内(钢丝绳应经过固定于变幅臂上的滑轮),并通过手油门控制牵引的速度;

(5) 收缩钢丝绳,将被牵引的车辆拉到安全、合适的位置,解开被牵引车上的钢丝绳、链条或紧固拉锁;

(6) 将钢丝绳、变幅臂一一复位;

(7) 关掉取力器。

(二) 托牵中小车型或客车的操作

托牵自重在 10 t 以下的中小型车或前轴轴荷在 4 t 以下的客车时,可以使用轮胎托架,托起轮胎进行牵引,具体操作步骤如下:

(1) 将清障车开到合适位置,与被牵引车成一直线;

(2) 接合取力器(操作方法如前),确认上装功能选择阀手柄在清障车一侧;

(3) 将折臂放到最低位置;

(4) 使伸缩臂伸到合适位置(不得少于 25 mm);

(5) 将轮胎后托架插进前托架的圆孔内,夹紧轮胎,用后托架上相差 90 度的突出销子与前托架固定好;

(6) 解除被牵引车辆的手制动,变速杆置于空挡位置,如果被牵引车辆从后端被托起,则应将其方向盘固定,不能让它转向;

(7) 通过操作折叠变幅缸,托起轮胎托架,使被牵引车辆轮胎离地面 300 mm 左右;

(8) 关掉取力器(操作方法如前),牵引行驶,速度不超过 40 km/h;

(9) 到达指定位置,放下被牵引车辆,各部件复位。

(三) 托牵中吨位车辆的操作

托牵总重在 25 t 以下,前轴负荷在 5.5 t 以下的车辆时,使用托叉牵引,具体操作如下:

(1) 将清障车开到合适位置,与被牵引车成一直线;

(2) 接合取力器(操作方法如前),确认上装功能选择阀手柄在清障车一侧;

(3) 将折臂放到最低位置;

(4) 将伸缩臂伸出到合适位置(不得少于 25 mm);

(5) 将托叉插到套在摆臂上的活动套圆柱孔内,调整好位置,通过操作折叠变幅缸使托叉卡在被牵引车前钢板弹簧前端,接近前吊耳处,也可以卡在车架前端、前保险杠等处,但这些地方必须牢固可靠,能承受起被托举的车辆;

(6) 用链条将托叉与被托处固定牢,保证牵引行驶过程中,在转弯或受到震动、加速、紧急刹车等情况时托叉不会脱掉,活动套不会左右滑动;

(7) 解除被牵引车辆的手制动,变速杆置于空挡位置;

(8) 通过操作折叠变幅缸,托起被牵引车辆,使其轮胎离地面高度 300 mm 左右;

(9) 关掉取力器(操作方法如前),牵引行驶,速度不超过 40 km/h;

(10) 到达指定位置后,放下被牵引车辆,各部件复位。

(四) 随车起重机的操作

(1) 打开取力器气动开关按钮,此时取力器啮合,带动油泵工作;

(2) 将副驾一侧上装功能选择阀手柄拨至"随车起重机"位置;

(3) 起重机的展开和回位可参阅随车起重机使用说明书的步骤执行。

(五) 取力器的操作

取力器的接合或分离必须通过离合器来操作,即先踏下离合器踏板(使离合器分离),打开或关掉驾驶室内的取力器开关按钮,再松开离合器踏板。

8.3 救援工程机器人

江苏八达重工机械股份有限公司研制的 BDJY42 型双臂轮履复合式救援机器人自重 42 t,双手协调作业最大可提起 8 t 重物,全身共有 26 个控制动作,可以根据不同的地面状况,选择轮胎或履带切换行驶,司机室可以控制升降,司机也可以走出控制室,以无线遥控操作双臂手实施救援作业,不同功能的机械手由司机一个人便可实现快换,完成剪切、破碎、切割、扩张、抓取等不同的救援作业功能。

该产品是目前世界上投入实际地震、滑坡等救援作业的最大型救援机器人。该救援工程机器人可以在各种自然灾害和重大事故现场,实现轮履复合切换行驶,快捷、及时地到达现场,可以油、电双动力切换驱动双臂、双臂手协调作业,可以在坍塌废墟中实现剪切、破碎、切割、扩张、抓取等多项作业,并可以进行生命探测、图像传输、故障自诊等,实施快速救援。

8.3.1 技术参数

救援工程机器人主要分为小型、中型和大型三大系列,其性能参数如表 8.3 所示。

表 8.3 救援工程机器人系列的主要技术性能参数

项目	单位	小型	中型	大型
单/双臂最大负荷	t	4/8	8/16	10/20
额定起重力矩	t·m	30	50	70
最高行驶速度	km/h	30(轮胎式),1.8~3(履带式)		
最大爬坡度	°	≥10(轮胎式),≥30(履带式)		
最大回转速度	r/min	3~3.5		
展臂作业半径	m	8	10	12
整机自重	t	30~40	40~50	50~60
可配工作机具种类	件	≥10		
遥控操作距离	m	≥500		

8.3.2 结构组成

中型救援工程机器人采用实心式轮胎底盘,带支腿支撑整车作业,前置推土铲,实现了救援工程机器人"进得去、稳得住"的作业能力,同样具有"双臂双手协调作业,司机室可控制升降;无线遥控操作;属具快换;油、电双动力切换驱动双臂手协调作业"等功能。

大型救援工程机器人除了具有中型救援机器人的功能以外,采用履带行走系,接地面积大,接地比压小,能在恶劣环境条件下进行有效的工作,能实现原地转弯和良好的越野性能。控制系统采用交流电动力和先进的无线控制技术,整机液压驱动,实现无级调速,具有过负荷保护能力,提高了救援机器人的使用效果。

8.3.3 产品特性

(1)轮、履两用驱动行驶机构,实现了救援机器人"进得去、稳得住"的作业功能。该设备在公路上行驶时,可放下轮胎驱动机构,选用轮胎快速赶往救灾现场(如图 8.7 左图所示);在没有道路或现场地形复杂、不适应轮胎行驶时,可收起轮胎驱动机构,换为履带驱动机构进行移动(如图 8.7 右图所示);作业时可放下轮胎作为稳定性支撑。本产品将轮式行走机构的高机动性和履带式行走机构的高通过性结合起来,可根据作业需求与路面情况方便、快捷地切换行走方式,实现快速运动,用于火灾、水灾、泥石流等自然灾害,重大生产事故现场及城市消防救援等抢险救援作业。

图 8.7 不同情况下分别使用轮胎或履带驱动

(2)双臂双手协调作业,司机室可控制升降功能。该救援工程机器人每只臂手均有七个自由度,可模仿人的双臂手进行无死角的协调及配合作业,实现了"拿得起、分得开"的作业功能;司机室可控制自由升降,使得救援作业时视线好、视角宽,保证了作业安全、可靠性(图8.8)。双臂双手及多关节的协调作业功能,实现了救援现场过程中的精细化作业,其作业功能及作业效果,是任何单臂工程机械所无法比拟的。操纵室的控制升降动作,不仅扩大了作业视角范围,更在拆除危险作业中提高了防砸、避碰的安全系数。

图8.8 双臂多关节协调以及驾驶室自动升降功能图

(3) 在实施救援作业时,司机可走出操作室,在作业面上进行精细化无线遥控操作。救援工程机器人的无线遥控作业功能非常必要,因为在司机室内或是夜间进行准确、安全的操作非常困难,而离开司机室,走进被施救现场或作业对象附近,采用遥控操作,则非常方便、准确、安全。

(4) 救援工程机器人动力系统中,设计有液压动力输出装置,可为多种手持救援工具提供液压动力源,实施人、机配合精细化救援作业。在救援现场,本大型救援工程机器人就像一艘航母,救援过程中为它配备的手动液压工具、支撑杆架以及工具库和发电、照明、通讯等附属设备、设施,可实现人机联合的、可持续性的、相关联的救援作业能力和条件。

(5) 救援工程机器人设计有液压属具快换机构,可根据现场不同救援作业需要,快速更换剪切、抓取及破碎等作业属具。

(6) 可以油、电双动力切换驱动双臂手协调作业,克服了单动力设备技术存在的耗油成本高、排废造成环境污染、机动灵活性差和无电网不能运行的问题,极大提高救援效率。

8.4 二氧化碳致裂器设备

二氧化碳致裂器广泛应用于建筑物拆除、特殊区域爆破作业等方面,是一种理念先进、方法安全、效果显著的爆破技术。该设备非常安稳,又具阻燃功用,不与周围的液体、气体相融合,不受高温、高湿、高寒环境的影响。起爆进程无轰动短波、无明火、无电弧、无损害物质发生,戒备间隔短,不发生哑炮,基本无粉尘。二氧化碳致裂属物理做功非化学裂变,气体充装、运送、存储、包装安全可靠。

8.4.1 技术参数

表8.4 二氧化碳致裂器的主要参数

型号	单位	51#	73#	83#	95#	98#	108#	122#
致裂器外径	mm	φ51	φ73	φ83	φ95	φ98	φ108	φ122
钻孔孔径	mm	φ60	φ90	φ100	φ110	φ120	φ130	φ140
致裂器长度	mm	1 270	1 030	1 130	1 300	1 700	2 100	2 200
二氧化碳充装量	kg	0.8	0.8	1.4	2.3	3.5	6.8	9.8
最大充装压力	MPa	9	9	9	9	9	9	9
单套致裂器质量	kg	14	22	32	43	60	100	120

表8.5 液态二氧化碳储液罐的主要参数

项目	单位	技术参数
液态二氧化碳罐(空罐)质量	kg	490
容积	L	499
额定使用压力	MPa	2
外形	mm	2 100×750×1 000(长×宽×高)
额定储液量	kg	460

8.4.2 工作原理

二氧化碳气体在一定的高压下可转变为液态,通过高压泵将液态的二氧化碳压缩至圆柱体容器(储液管)内。当微电流通过电点火头时,引起发热药剂产生高温,瞬间将液态二氧化碳气化(发热装置产生的热量在液态二氧化碳气化过程中被吸收),急剧膨胀产生高压气流致泄能器打开,产生260 MPa的膨胀压力,在高压气流的作用下致岩石断裂和松动。由于是在低温下运行,与周围环境的液体、气体不相融合,不产生任何有害气体,不产生电弧和电火花,不受高温、高热、高湿、高寒影响。在井下致裂时对瓦斯具有稀释作用,无震荡,无粉尘。二氧化碳属于惰性非易燃易爆气体,致裂过程是气体膨胀的过程,是物理做功而非化学反应。

8.4.3 结构组成

二氧化碳致裂器由液态二氧化碳储液罐、灌装机、旋紧机、计量充气工作台等组成。每次使用后可重新加入催化器、泄能组件和液态二氧化碳后再次重复使用。

致裂器灌装机与液态二氧化碳罐、计量充气台连接使用。致裂器灌装机由计量充气台、电机、高压力泵、精密压力表、安全阀及与之相配套的高压管路构成,其机构示意图如图 8.9 所示。

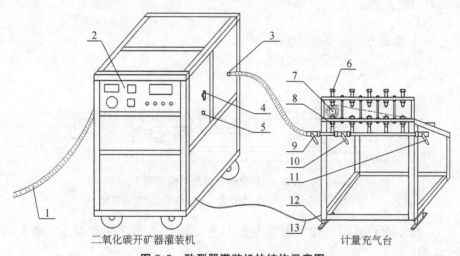

图 8.9 致裂器灌装机的结构示意图
1. 进气管 2. 二氧化碳开矿器灌装机操作面板 3. 出气口(以设备标记为准) 4. 排气阀
5. 排气口 6. 固定螺丝 7. CO_2 致裂器 8. 充气嘴 9. 阀门 A
10. 阀门 B 11. 阀门 C 12. 称重传感器 13. 称重传感线

致裂器旋紧机的作用是把储液管、充气头、泄能头三者旋紧并使之产生一定预紧力,使致裂器产生一个盛装二氧化碳的密闭空腔。致裂器使用完毕后,再次使用旋紧机把储液管、充气头、泄能头三者拧松分开,以便再次使用。致裂器旋紧机结构示意图如图8.10所示。

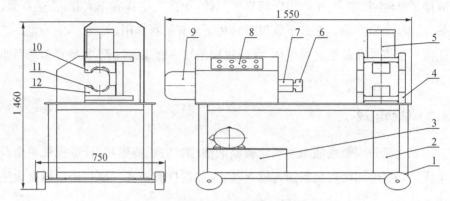

图 8.10 致裂器旋紧机结构示意图(单位:mm)
1. 机架 2. 电气箱 3. 泵站 4. 油缸支架 5. 油缸 6. 旋具 7. 联轴器
8. 操作面板 9. 电机减速机 10. 活动夹具 11. 摩擦片 12. 固定夹具

8.4.4 操作方法

(一) 组装方法

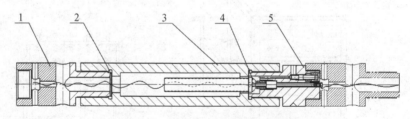

图 8.11 二氧化碳致裂器结构简图
1. 泄能器 2. 定压片 3. 储液管 4. 发热装置 5. 充装阀

二氧化碳致裂器结构简图如图8.11所示。该二氧化碳致裂器组装方法如下:

(1) 储液管放置在组装架上,组装前要检查储液管两端孔处有无锈点、腐蚀、磨损和严重划痕,防止漏气。如果没有问题可继续使用,否则停止使用,进行修复。

(2) 用压缩空气清理储液管两头螺纹孔和管内部,以及充装阀和泄能器。

(3) 对充装阀进行绝缘性检测。将欧姆表调到 200 MΩ 挡,检测致裂器两接线螺丝处是否导通,若不导通则为正常;否则不能正常使用。

(4) 带线致裂器组装方法:

① 将定压片放入储液管孔腹,定压片较短的导线留在原端口,另一根导线利用辅助工具经过管腔到达另一端;

② 将泄能器拧在储液管定压片一端,定压片短导线端从泄能器放气孔内部穿出;

③ 定压片长线端的导线与发热装置接线夹连接在一起,把发热装置放入储液管另一端孔腹,把检测良好的充装阀拧在储液管发热装置的一端。

(5) 底端不带线致裂器组装方法:

① 将定压片放入储液管孔腹;

② 将泄能器拧在储液管定压片一端;

③ 把发热装置放入储液管另一端孔腹,把检测良好的充装阀拧在储液管发热装置的一端。

(6) 对组装好的致裂器进行性能检测。

(7) 完成上述操作后,在致裂器旋紧机上将充装阀、泄能器分别与储液管旋紧。

(8) 对旋紧后的致裂器进行性能检测。

(9) 组装好的致裂器,将充气头两接线螺丝处用连接线短接,待充装二氧化碳。

(二) 现场施工工艺

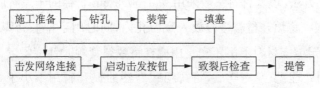

图 8.12　现场施工工艺流程图

1. 施工准备

覆盖层清除按照先剥离、后开采的原则,根据施工区的特点,安排机械进行表土清除,风化层剥离,为致裂施工创造条件。

2. 钻孔

(1) 现场布孔。参照表 8.6 进行现场钻孔作业。

表 8.6 钻孔尺寸参照表

型号	单位	73#	83#	95#	98#	108#	122#
孔间距	m	1.5～2	2～2.5	2～2.5	2.5～3	3～3.5	4～5
孔径	mm	ϕ90	ϕ100	ϕ120	ϕ120	ϕ130	ϕ140
孔深	m	3.5～6	4～6	3	3.5	4～4.5	4.5～5

(2) 条件允许时,尽量采取斜孔。斜孔致裂的优点是倾斜方向朝安全方向,防止出现致裂器飞出造成危害,同时能量分布较为合理,延伸孔长度的最小抵抗线相等或近于相等,有利于消除根底和获得均匀的能量释放,;缺点是钻孔工艺复杂,钻孔方向不易控制,装填速度低,废孔率高,尤其是在硬度低的岩石中钻孔。直孔致裂的优点是钻孔操作较容易,便于装管;缺点是致裂器泄能器沿台阶高度分布不均匀,影响能量的合理作用。

3. 装管

充装好的致裂器按工艺要求连接提升杆。用机械辅助方式将致裂器竖直装入孔内。如遇孔质量问题不能顺利装管时,需修孔或作废孔处理,严禁按压、重击致裂器。

4. 填塞

(1) 填塞后,提升杆外露长度: $0.3 \leqslant A \leqslant 0.5$ m。

(2) 填塞方法:填塞材料一般采用 0.3～0.5 cm 直径的干燥石屑,将其堆放在致裂孔周围。将填塞材料慢慢放入致裂孔内,同时用手持振动棒震动外露提升杆部位,便于填塞材料下沉压实。用撬杠将致裂管顺时针旋紧。

(3) 加固处理:填塞完毕后,将每组致裂器的提升管用不小于直径 20 mm 的钢丝绳或额定载荷不低于 10 t 的吊装带连接固定,控制个别致裂器飞散或滑落。

(4) 填塞作业时人员不得正对钻孔,防止出现致裂器飞出造成危害。

5. 击发网络连接

导电网络的连接是一个关键工序,若一次致裂孔数较多,必须合理分区连接,以减少整个导电网络的电阻值,分区时要注意各个支路的电阻平衡,保证每个致裂器获得相同的电流值。在网络连接过程中,应利用电工用万用表检测网络电阻,网络连接完毕后,必须对网络所测电阻值与计算值进行比较,如果差别较大,应查明原因,排除故障,重新连接,网络连接的接头应用高质量绝缘胶布缠紧,保证连接可靠。

6. 启动击发按钮

点火前,首先检查点火器是否完好正常,点火器应及时充电,保证提供足够电能,并能快速充到点火需求的电压值。在连接主线前必须对网络电阻进行检测。当警戒完成后,再次测量网络电阻值,确定正常后,才能将主线与点火器连接,然后等待点火命令。点火器启动后,及时切断电源,将主线与点火器分离并短接。

7. 致裂后检查

致裂 5 min 后由工程技术人员现场进行检查,只有在检查完毕确认安全后,才能发出解除警戒信号和允许其他人员进入施工现场。

8. 提管

(1) 提管过程中,提拉方向应与提升杆方向一致,严禁斜拉硬拽。

(2) 严禁暴力操作,若提升杆不能提出,需用破碎锤对周围岩石进行二次破碎。

(3) 未激发的致裂器,需将致裂器的两个连接线短接后再进行提管操作。

(4) 将致裂器收回清理,未激发的致裂器需将余气排清,待二次充装使用。

8.5 高压水射流清障装备

在应急救援场合,当发生人员被物体夹击需要对物体进行切割时,由于其他切割设备不容易控制,而且使用当中会出现大量的切割火焰,无法保证救援对象的安全,而水切割设备,可以根据不同场合,调整其工作压力,使用中不存在发热、切割火焰等情况,使用安全可靠。

水射流技术产品在应急救援中可以应用在混凝土破碎中,如图 8.13 所示。传统的混凝土破碎采用的是气锤打碎,而这种方式产生较大的冲击,容易造成操作人员的安全事故,而水射流设备通过大功率柴油机驱动的高压泵制造高压水,从特殊喷嘴中喷出超音速高压水射入破坏的混凝土的疏松、破裂表面。高压水在混凝土中产生一个超压,当其压力超过混凝土的抗张强度时,混凝土发生破碎,而混凝土中间的钢筋构架能够保证不受到损伤,操作工人也不会感受到大的冲击,安全得到保障。

图 8.13　高压水射流清障装置

水射流是能量转变与应用的最简单的一种形式。通过动力驱动泵对水完成一个吸、排过程,将一定量的水泵送到高压管路,使其以一定能量到达喷嘴,而喷嘴的孔径要比高压管路直径小得多,因此到达喷嘴的这一定能量的水要想流出喷嘴孔,必须加速。这样,经过喷嘴孔加速凝聚的水就形成了射流,喷出的射流打击在靶件(工件)表面上就称为射流作业。

射流离开喷嘴后最常见的形式是圆柱射流,这种射流携带射流能量最为有效,但它在靶件表面上的有效打击面也最小。在射流中混合其他物质是提高射流性能的有效手段之一,最常见的是在射流中混合固体颗粒,即磨料,这样的射流又叫磨料射流,用于对硬质材料的切割。

水射流包括连续射流、脉冲射流和空化射流,应用较多的是连续射流。根据射流介质不同,连续射流可分为液体射流、液体—固体射流、液体—气体—固体射流;根据射流压力不同,连续射流分为:低压射流(工作压力小于 10 MPa)、高压射流(工作压力 10 MPa～100 MPa)和超高压射流(工作压力大于 100 MPa)。

参 考 文 献

[1] 武警交通应急救援工程技术研究所. 道路交通应急抢险抢通技术[M]. 北京：人民交通出版社，2012.

[2] 向波，蒋劲松，李本伟，等. 公路应急抢通保通技术手册[M]. 北京：人民交通出版社，2018.

[3] 杨彬，梅涛. 我国应急救援装备发展趋势[J]. 劳动保护，2014(12)：22-24.

[4] 武警交通指挥部司令部. 应急救援实用知识手册[M]. 北京：人民交通出版社，2017.

[5] 陈云鹤，樊军，翟可为，等. 公路应急交通保障[M]. 北京：国防工业出版社，2013.

[6] 庞林祥，贾志勇. 我国地震救援装备现状与发展趋势[J]. 水利水电快报，2018(6)：27-30.

[7] 刁媛. 国内典型应急救援装备[J]. 工程机械，2012(6)：后插 10-11.

[8] 尹路辉. BICES 2011 应急抢险救援装备精选[J]. 工程机械与维修，2011(11)：162-164.

[9] 潘人俊. 国外固定桥器材的发展概况[J]. 现代兵器，1991(5)：10-15.

[10] 常健，易家卓，牛涛. 外军渡河桥梁装备的发展及对我军的启示[J]. 军事交通学院学报，2014(6)：19-22.

[11] 王剑锋. 救援抢通装备效能评估[J]. 安全与环境工程，2017(5)：21-25.

[12] 莫琳波，王建国，王旭，等. 空军机场道面抢修装备建设与发展思路[J]. 训练与科技，2006(1)：27.

[13] 刘兴，李远星，张雷. 水路战备设施技术规范建设研究[J]. 军事交通学院学报，2014(1)：28-32.

[14] 刘志全. 几种典型新型应急救援车辆介绍及应用前景分析[Z]. 中国航天科

工集团公司应急救援装备论坛,2009.

[15] 黄宁波.外军救援车辆发展趋势[J].汽车运用,2008(3):16.

[16] 黄亚杰,欧景才.突发灾害应急救援装备现状与发展趋势[J].中国医院,2011(12):52-53.

[17] 刘国辉,赵晓宇.国内外新型救援工程机械设备分析[J].中国机械,2014(2):40-41.

[18] 绍腾,李勇,吴继霞.由单一功能到多功能化的应急救援装备发展探讨[J].中国标准化,2018(23):80-85.

[19] 谢明武,康敬东,潘晓军,等.工程机械应急救援现状及需求分析[J].建筑机械化,2013(4):41-42.

[20] 黄建发.我国大震巨灾应急救援装备发展趋势述评——基于我国各类专业救援队汶川8.0地震救援实践[C]//中国灾害防御协会.中国减灾应急产业发展高峰论坛,2009.

[21] 王文静.浅谈我国抢险救援装备技术现状及未来发展方向[J].科技创新与应用,2017(5):296.

[22] 初海宁,董乐乐,贾楠.应急交通运输装备的现状与发展趋势[J].国防交通工程与技术,2013(2):1-4.

[23] 黄华.水泥混凝土道面抢修车在机场的运用[J].中国科技博览,2013(28):182.

[24] 高山铁,陈伟.全地形履带式抢险救援工程车[J].工程机械,2014(12):10-13.

[25] 阿尔戈全地形车登陆中国.摩托车技术,2015(3):82-86.

[26] 赵以保.高压水射流技术在应急救援中的应用[Z].中国航天科工集团公司应急救援装备论坛,2009.